KÖNIGS ERLÄUTERUNGEN

Band 456

Textanalyse und Interpretation zu

Thomas Mann

BEKENNTNISSE DES HOCHSTAPLERS FELIX KRULL

Stefan Helge Kern

Alle erforderlichen Infos für Abitur, Matura, Klausur und Referat
plus Musteraufgaben mit Lösungsansätzen

Zitierte Ausgabe:

Thomas Mann: *Bekenntnisse des Hochstaplers Felix Krull. Der Memoiren erster Teil.* Frankfurt am Main: Fischer Taschenbuch Verlag 1989, 52. Aufl. 2014 (Fischer-Taschenbücher Nr. 9429).

Über den Autor dieser Erläuterung:

Dr. Stefan Helge Kern, Jg. 1974, wurde 2003 mit einer Dissertation über *Die Kunst der Täuschung. Hochstapler, Lügner und Betrüger im Roman nach 1945* promoviert. Er hat Deutsch, Geschichte und Philosophie an einem Gymnasium in Hannover unterrichtet und am Studienseminar Lehrkräfte für das Fach Deutsch ausgebildet. Heute ist er Direktorstellvertreter an einer Evangelischen Gesamtschule. Als Autor von Bildungsmedien, Referent und Fortbildner engagiert er sich für die Schul- und Unterrichtsentwicklung besonders im Hinblick auf die Bildung in der digitalen Welt.

2. Auflage 2022

ISBN: 978-3-8044-2058-8

PDF: 978-3-8044-6058-4, EPUB: 978-3-8044-7058-3

© 2006, 2021 by Bange Verlag, 96142 Hollfeld

Alle Rechte vorbehalten!

Titelabbildung: Horst Buchholz als Felix Krull in der Verfilmung von 1957

© picture alliance / Sammlung Richter

Druck und Weiterverarbeitung: Tiskárna Akcent, Vimperk

1. DAS WICHTIGSTE AUF EINEN BLICK – SCHNELLÜBERSICHT

Damit sich alle Leser:innen in unserem Band rasch zurechtfinden und das für sie Interessante gleich entdecken, hier eine Übersicht.

⇨ S. 12 ff.

Im zweiten Kapitel beschreiben wir **Thomas Manns Leben** und stellen den **zeitgeschichtlichen Hintergrund** des Romans *Bekenntnisse des Hochstaplers Felix Krull* dar:

→ Thomas Mann gilt heute als einer der bedeutendsten Romanautoren der deutschsprachigen Literatur. In seinem ersten Romanerfolg *Buddenbrooks – Verfall einer Familie* (1901, Nobelpreis für Literatur 1929) erzählt er auf Grundlage der eigenen Familiengeschichte die Geschichte des Niedergangs einer Lübecker Kaufmannsfamilie über vier Generationen.

→ Bis zum Ende des deutschen Kaiserreichs war Thomas Mann einverstanden mit der aristokratischen Gesellschaftsordnung, wie sein Essay *Betrachtungen eines Unpolitischen* (1918) belegt. Erst Jahre später konnte sich Mann mit der neuen Weimarer Republik anfreunden (vgl. seine Rede *Von deutscher Republik*, 1922).

→ Bereits 1930 hat Thomas Mann in seiner *Deutschen Ansprache. Appell an die Vernunft* vor dem Nationalsozialismus gewarnt. Nach Hitlers Machtübernahme 1933 emigrierte er über Frankreich und die Schweiz in die USA. Von 1940–45 richtete er Radioansprachen an *Deutsche Hörer!*.

→ Nach dem Ende des Zweiten Weltkrieges kehrte Mann zunächst nicht nach Deutschland zurück. Im Goethe-Gedenkjahr 1949 besuchte er beide deutschen Staaten. Die Jahre bis zu seinem Tod 1955 verbrachte er in der Schweiz.

→ An seinem Roman *Bekenntnisse des Hochstaplers Felix Krull* hat
  Thomas Mann fast 50 Jahre lang gearbeitet. Trotzdem ist der
  Text unvollendet geblieben. Erste Notizen zu dem Projekt stam-
  men aus dem Jahr 1906. 1911 erschien ein erster Auszug, 1954,
  im Jahr vor dem Tod des Autors, die heutige fragmentarische
  Fassung.

→ Durch seine Figur des Hochstaplers Felix Krull blickt Thomas
  Mann ironisch und kritisch auf die obrigkeitshörige aristokra-
  tische Gesellschaft vor und um 1900. Krull erscheint in dem
  Roman trotz seiner Lügen, Betrügereien und Anmaßungen
  nicht als Krimineller, sondern eher wie ein Spitzbube in der Art
  Till Eulenspiegels, der der Gesellschaft den Spiegel vorhält.

→ Auch und gerade in der Welt am Ende des 19. Jahrhunderts
  machen Kleider Leute. Weil in dieser Welt nur die Fassade
  zählt, niemand echt ist und alle nur mehr oder weniger gut
  Rollen spielen, erscheint allein die Existenz des Hochstaplers
  authentisch: Im Unterschied zu den anderen weiß Felix Krull
  zumindest, dass er spielt.

→ Krulls Persönlichkeit zeichnet sich durch ihre Wandlungs- und
  Anpassungsfähigkeit aus. Indem Felix täuscht, ist er der, der
  er wirklich ist. So ist er der Prototyp des modernen Menschen,
  der sich ständig selbst neu erfindet und inszeniert.

Im 3. Kapitel bieten wir eine **Textanalyse und -interpretation.**   ⇨ S. 22 ff.

> *Bekenntnisse des Hochstaplers Felix Krull –*
> **Entstehung und Quellen:**

→ Mit langen Unterbrechungen hat Thomas Mann ab 1906 fast
  50 Jahre an dem Roman gearbeitet. Trotz des Zuspruchs des
  Publikums hat er mit dem Stoff gehadert, weil er ihm würdelos
  erschien.

→ Eine Anregung für die Gestaltung von Felix' Lebensweg
ist die Autobiografie des damals in ganz Europa erfolgreichen rumänischen Hochstaplers Georges Manolescu
(1871–1908).

⇨ S. 26 ff.

Inhalt:

→ In seiner Kindheit lernt Felix, wie er Menschen für sich einneh-
men kann. Er liebt Verkleidungen und übt sich im Kontrollieren
selbst unwillkürlicher Körperregungen, um wegen angeblicher
Krankheit nicht in die Schule gehen zu müssen. Die Familie
lebt großzügig über ihre Verhältnisse, bis die Sektkellerei des
Vaters pleite ist und ihr Inhaber Selbstmord begeht.

→ Seine Schönheit und sein gefälliges Auftreten ebnen Felix den
Weg in die höhere Gesellschaft. Nach dem Umzug der Witwe
Krull mit ihren Kinder nach Frankfurt am Main besucht Felix
zunächst die Liebesschule einer Prostituierten. Danach arbeitet
er sich in dem Pariser Hotel Saint James and Albany vom
Liftboy zum Kellner hoch; Nebeneinkünfte erzielt er, indem
er gestohlenen Schmuck an einen Hehler verkauft. Seine At-
traktivität wirkt sowohl auf Frauen wie auf Männer anziehend.
Schließlich tauscht Felix mit einem jungen Adeligen, Marquis Louis de Venosta, die Rollen und reist in dessen Namen
nach Lissabon, die erste Station einer Bildungsreise um die
Welt, wo sich Mutter und Tochter des Leiters des Lissabonner
Naturkundemuseums, Professor Kuckuck, in ihn verlieben.

Chronologie und Schauplätze:

→ Felix wächst im letzten Viertel des 19. Jahrhunderts in einer
Weingegend am Rhein auf. Volljährig zieht er nach dem Selbst-
mord des Vaters mit Mutter und Schwester nach Frankfurt am
Main um. Für eine Ausbildung im Hotel siedelt er nach Paris

über. In der Rolle des Marquis Louis de Venosta reist er mit
Anfang 20 nach Lissabon.

→ Die Welt von Felix ist hierarchisch und aristokratisch; die
Gesellschaftsschichten haben jeweils ihre eigene Sphäre und
eigenen Orte. Die getrennten Bereiche werden in dem Roman gegenübergestellt: Aus Sucht nach gesellschaftlichem
Aufstieg lebt Familie Krull über ihre Verhältnisse und geht
bankrott. In den Schaufenstern von Frankfurt wird Reichtum
zur Schau gestellt, daneben floriert das Geschäft der Huren
und Kriminellen, das Felix ebenfalls anzieht. Die Hotelgäste
genießen Überfluss und Luxus, während die Angestellten in
einfachsten Verhältnissen leben. Reiche Adelige halten arme
Schauspielerinnen aus. Einige der Reichsten sind so dekadent,
dass sie sich nach Erniedrigung sehnen.

Aufbau:

⇨ S. 66 ff.

→ Der Schriftsteller Thomas Mann lässt seinen Protagonisten
Felix Krull seine Lebenserinnerungen in der Ich-Form erzählen. Neben der Erzählung der Ereignisse besteht der Roman
aus zahlreichen Reflexionen des sich erinnernden, auf sein
Leben zurückblickenden, gereiften Hochstaplers. Er denkt über
das Schreiben, über Schein und Sein und gesellschaftliche
Hierarchien nach. „Bekenntnisse", wie der Roman im Titel
benannt wird, sind eine traditionsreiche literarische Gattung.
→ Das Romanfragment besteht aus drei „Büchern"/Teilen:
1. Kindheit im Rheingau bis zum Bankrott und Selbstmord des
Vaters, 2. Umzug nach Frankfurt, Hotelboy in Paris bis zum
erotischen Diebeserlebnis mit Diane Houpflé, 3. Aufstieg zum
Kellner, Rollentausch mit Marquis de Venosta, Lissabon bis
zum Liebesabenteuer mit Mutter und Tochter Kuckuck.

⇨ S. 71 ff.

Personen:

→ Felix Krull ist als erlebendes und erzählendes Ich das Zentrum des Romans.
→ Zu seiner Familie gehören Vater Engelbert, Mutter, Schwester Olympia und Patenonkel Felix Schimmelpreester.
→ Jedem Lebensort korrespondieren unterschiedliche Figuren. Rheingau: Zimmermädchen Genovefa, Schauspieler Müller-Rosé, Geistlicher Rat Chateau; Frankfurt: Prostituierte und Geliebte Rozsa; Paris: Zimmergenosse Stanko, Diane Houpflé, Louis de Venosta; Lissabon: Professor Kuckuck, Tochter Zouzou, Ehefrau Maria Pia.

⇨ S. 84 ff.

Stil und Sprache Thomas Manns:

→ Auch literarisch bzw. stilistisch inszeniert Thomas Mann seine Figur Felix Krull als Hochstapler: Er lässt ihn einen hohen Stil schreiben, an dem er den selbstverliebten Bekenner gelegentlich scheitern lässt, und entfaltet durch Krulls Übertreibungen und Zuspitzungen eine komisch-parodistische Wirkung.
→ Wortwahl und Satzbau sind der Erzählliteratur des 19. Jahrhunderts ähnlich. Der Satzbau ist durch Nebensätze und Einschübe häufig komplex. Die assoziative Verknüpfung von Erlebnissen, Erinnerungen und Reflexionen unterstützt den Eindruck, dass es sich um authentische Gedanken eines echten Hochstaplers handele.

⇨ S. 88 ff.

Verschiedene Interpretationsansätze bieten sich an:

→ Entlarvung der Orientierung vieler Menschen am äußeren Anschein, sodass ein Hochstapler leichtes Spiel hat
→ Parodie der Biografie eines echten Hochstaplers sowie der literarischen Gattungen Bekenntnis und Bildungsroman

→ literarische Auseinandersetzung mit der philosophischen These
von der „Welt als Wille und Vorstellung" (Schopenhauer)
→ Verarbeitung der antiken Mythen um den vielgestaltigen Götterboten Hermes sowie den selbstverliebten Narziss
→ autobiografische Auseinandersetzung mit Lebensthemen Thomas Manns: Künstler-Bürger-Konflikt, Homosexualität, eigener
Narzissmus des Autors

Rezeptionsgeschichte: ⇨ S. 97 ff.

→ Begeisterung beim Publikum von den ersten Episoden des
Romans an
→ Deutung im ideengeschichtlichen Kontext der großen Werke
des Autors (*Die Buddenbrooks*, *Der Zauberberg*)
→ Felix Krull als Prototyp des modernen Menschen: Selbstinsze-
nierung, Simulation

Thomas Mann
(1875–1955)
im Jahr 1928
© picture alliance /
akg-images

2. THOMAS MANN: LEBEN UND WERK

2.1 Biografie

JAHR	ORT	EREIGNIS	ALTER
1875	Lübeck	Thomas Mann wird am 6. Juni als zweiter Sohn des Kaufmanns und Senators Thomas Johann Heinrich Mann und dessen Frau Julia (geb. da Silva-Bruns) in Lübeck geboren.	
1891	Lübeck	Tod des Vaters, Auflösung der Firma.	16
1893		Prosaskizzen und Aufsätze für die vom Autor mitherausgegebene Zeitschrift *Der Frühlingssturm. Monatszeitschrift für Kunst, Literatur und Philosophie.*	18
1894	Lübeck, München	Mann verlässt das Gymnasium in der Obersekunda, also ohne Abitur, und geht mit der Mutter und den Geschwistern nach München. Seine erste Novelle *Gefallen* erscheint.	19
1895	München	Aufgrund des Erfolgs seiner ersten Veröffentlichung gibt Mann seine Stellung als Volontär bei einer Versicherungsgesellschaft auf und arbeitet als freier Schriftsteller. Gasthörer an der Münchener Technischen Hochschule.	20
1896– 1898	Italien (Rom und Palestrina)	Reise mit dem älteren Bruder Heinrich.	21–23
1898	München	Mann veröffentlicht die Novellensammlung *Der kleine Herr Friedemann.*	23
1898– 1900	München	Tätigkeit als Lektor und Korrektor bei der satirischen Zeitschrift *Simplicissimus.*	23–25

2.1 Biografie

JAHR	ORT	EREIGNIS	ALTER
1900	München	Seinen Militärdienst als Einjährig-Freiwilliger kann Mann vorzeitig beenden, weil er aufgrund persönlicher Beziehungen seiner Familie zu den Ärzten für untauglich erklärt wird.	25
1901	München	Manns erster großer Roman *Buddenbrooks. Verfall einer Familie* erscheint und wird begeistert aufgenommen.	26
1903	München	Die Novelle *Tonio Kröger* erscheint.	28
1905	München	Heirat mit Katia Pringsheim, der Tochter eines reichen Industriellen. Aus der Ehe gehen sechs Kinder hervor, darunter die Schriftsteller Erika, Klaus und Golo Mann.	30
1906	München	Erste Notizen zu den *Bekenntnissen des Hochstaplers Felix Krull*.	31
1910/11	München	Das erste Buch der *Bekenntnisse* ist abgeschlossen.	35/36
1912		Die Novelle *Der Tod in Venedig* erscheint.	37
1912/13	München	Fortsetzung der *Bekenntnisse* bis zur Rozsa-Episode (2. Buch, 6. Kap.).	37/38
1918		Mann veröffentlicht die *Betrachtungen eines Unpolitischen* als Antwort auf die Antikriegsschrift *Zola* seines Bruders Heinrich, einem erklärten Demokraten. Thomas' Verteidigung des Kaisertums und seine Kriegsbegeisterung führen zum Bruch mit dem Bruder.	43
1922	Berlin	In seiner Rede *Von deutscher Republik* befürwortet Mann die Republik. Aussöhnung mit dem Bruder.	47
1924		Der Zeit- und Bildungsroman *Der Zauberberg*, an dem Mann seit 1913 gearbeitet hat, erscheint.	49

2.1 Biografie

JAHR	ORT	EREIGNIS	ALTER
1929	Stockholm	Literatur-Nobelpreis für die *Buddenbrooks*.	54
1930	Berlin	17. Oktober: Angesichts des bedrohlichen Stimmenzuwachses der NSDAP hält Mann in Berlin seine *Deutsche Ansprache. Ein Appell an die Vernunft.* Die Erzählung *Mario und der Zauberer* erscheint.	55
	Ägypten, Palästina	Reisen nach Ägypten und Palästina.	
1933	Sanary-sur-Mer, Küsnacht bei Zürich	11. Februar: Mann reist zuerst nach Sanary-sur-Mer, dann nach Küsnacht bei Zürich. Wegen der nationalsozialistischen Machtübernahme kehrt er nicht nach Deutschland zurück. Der erste Band der Tetralogie *Joseph und seine Brüder* erscheint.	58
1938	Princeton	Gastprofessor an der Universität Princeton (USA).	63
1940–1945	Kalifornien, Pacific Palisades	Ausstrahlung seiner monatlichen Radioreden *Deutsche Hörer!* über den englischen Sender BBC nach Deutschland. Insgesamt werden 55 Kommentare von ihm gesendet.	65–70
1941	Pacific Palisades	Umzug nach Pacific Palisades bei Los Angeles.	66
1944	Pacific Palisades	Mann nimmt die amerikanische Staatsbürgerschaft an.	69
1945	Pacific Palisades	Nach dem Zweiten Weltkrieg vertritt Mann in dem offenen Brief *Warum ich nicht nach Deutschland zurückkehre* die These von der Kollektivschuld der Deutschen. Sie stößt vor allem bei den Autoren der „Inneren Emigration" auf Widerstand.	70

2.1 Biografie

JAHR	ORT	EREIGNIS	ALTER
1947	Zürich	Der Roman *Doktor Faustus* erscheint. Erste Europareise nach dem Krieg, um an der ersten internationalen Nachkriegstagung des PEN-Clubs in Zürich teilzunehmen.	72
1949	Frankfurt a. M., Weimar	Erster Besuch nach dem Krieg in beiden deutschen Staaten aus Anlass des Goethe-Jahres.	74
1951	Pacific Palisades	Wiederaufnahme der Arbeit an den *Bekenntnissen.*	76
1952	Erlenbach bei Zürich	Nachdem er von einem kalifornischen Abgeordneten vor dem Kongress als „one of the world's foremost apologists for Stalin and company"[1] denunziert wurde, verlässt Mann die USA und siedelt nach Erlenbach bei Zürich um.	77
1954		Der erste Teil der *Bekenntnisse* erscheint.	79
1955	Zürich	12. August: Thomas Mann stirbt in Zürich.	80

---

1   Zitiert nach: Klaus Schröter: *Thomas Mann*, S. 162.

2.2 Zeitgeschichtlicher Hintergrund

2.2 Zeitgeschichtlicher Hintergrund

ZUSAMMEN-FASSUNG

→ Der Roman *Bekenntnisse des Hochstaplers Felix Krull* spielt am Ende des 19. Jahrhunderts, dem „Fin de Siècle", einer Epoche des Nebeneinanders von Tradition und Avantgarde, von „Décadence" und „Belle Époque".

→ Zu dieser Zeit wird Deutschland von Kaiser Wilhelm II. regiert. Der Adel hat die politische Macht. Die wilhelminische Gesellschaft war von einer Dominanz des Militärischen, von Gehorsam und Obrigkeitshörigkeit geprägt.

→ Durch den Sieg im Krieg gegen Frankreich (1870/71) kam es in Deutschland zu einem ökonomischen Aufschwung. Von den so genannten „Gründerjahren" profitierten vor allem (groß-)bürgerliche Gesellschaftsgruppen. Zugleich bildete sich eine starke Arbeiterbewegung, die für bessere Lebensbedingungen für breitere Teile der Gesellschaft kämpfte.

Wilhelminisches Zeitalter

Der **Sieg über Frankreich** im Krieg 1870/71 wurde mit der Proklamation des Deutschen Kaisers Wilhelm I. (1797–1888, Kaiser von 1871–1888) in Versailles im Januar 1871 besiegelt. Der gewonnene Krieg verbesserte die ökonomische Situation des Reiches enorm: Das Industriegebiet und Wirtschaftszentrum Elsass-Lothringen fiel an Deutschland, außerdem musste Frankreich fünf Milliarden Francs Kriegsentschädigung zahlen. Diese Geld- und Sachleistungen gaben den Anstoß für einen Wirtschaftsboom im Deutschen Reich, die so genannten **Gründerjahre**. Von 1890 bis 1914 florierten Industrie und Wirtschaft, Wissenschaft und Forschung. Der Umfang der industriellen Produktion versechsfachte sich.

Die wilhelminische Gesellschaft war von Disziplin, **Obrigkeitshörigkeit** und einer starken Betonung und Präsenz des Militärischen geprägt. Uniformträgern begegnete man ehrfurchtsvoll. Dass auch Bürgersöhne zur Armee eingezogen wurden, wertete den zwei- bzw. dreijährigen Militärdienst auf. Angehörige der „gebildeten Stände", Gymnasiasten, konnten sich als so genannte „Einjährig-Freiwillige" melden.

Ehrfurcht vor Uniformen

Das Ausland sah im Deutschen Reich eine bedrohliche Hochburg des **Militarismus**. Obwohl Kaiser Wilhelm II. (1859–1941, Kaiser von 1888–1918) einer Modernisierung seines Reiches gegenüber aufgeschlossen war, hatte er ein antiquiertes Verständnis seiner persönlichen Herrscherrolle mit einer ausgeprägten Vorliebe für Prunk, Orden, Aufmärsche und militärische Manöver. Nationalfeiertag war der „Sedanstag" (Tag der Kapitulation der französischen Armee am 2. September 1870), der alljährlich an Schulen und auf Plätzen volksfestartig begangen wurde. An „Kaisers Geburtstag" wurden die Städte beflaggt, und das Volk jubelte seinem Oberhaupt zu. Die Kinder trugen die modischen Matrosenuniformen.

Kaiser Wilhelm II

Die rund 24.000 Personen starke Gruppe der **Aristokraten** und grundbesitzenden Landadeligen bestimmte das politische Geschehen im Kaiserreich maßgeblich. In Preußen galt das Dreiklassenwahlrecht, das den Bürgern nach ihrem Steueraufkommen unterschiedliche politische Mitspracherechte zuwies. Im ganzen Reich spielte der politische Katholizismus, der sich in der Zentrums-Partei organisierte, eine große Rolle.

Auf der anderen Seite prägte die **erstarkende Arbeiterbewegung** die innenpolitische Debatte: Im Vergleich zu dem Wohlstand der Bürger und des Adels war die Lage der Arbeiter prekär. Gewerkschaften und Sozialisten kämpften gegen das Massenelend.

2.2   Zeitgeschichtlicher Hintergrund

Die Konfrontation zwischen Arbeitern und Kapitalisten wurde durch eine Sozialgesetzgebung Ende der 1880er Jahre beruhigt.

Fin de Siècle

Die Kultur der Jahrhundertwende, des „Fin de Siècle", ist in ganz Europa von einem Nebeneinander von Tradition und Avantgarde gekennzeichnet. Die Epoche wird zugleich als Zeit des kulturellen Verfalls, als „Décadence", wie auch als „Belle Époque" angesehen. Sie ist geprägt von einem Schwanken zwischen Aufbruchsstimmung und diffuser Zukunftsangst, Lebensüberdruss und Weltschmerz, Faszination für Tod und Vergänglichkeit, Frivolität und Dekadenz.

2.3 Angaben und Erläuterungen zu wesentlichen Werken

ZUSAMMEN-FASSUNG

→ Thomas Mann thematisiert in seinen Romanen das Selbstverständnis des Bürgertums. Verfall, Krankheit und Niedergang, die Dekadenz des Bürgertums sind Themen mehrerer Romane: *Die Buddenbrooks. Verfall einer Familie, Der Tod in Venedig, Der Zauberberg, Doktor Faustus.*

→ Autobiografische Themen finden sich in vielen seiner Erzählungen: der Künstler-Bürger-Konflikt um die Vereinbarkeit der freien Künstlerexistenz mit einem soliden Lebenswandel sowie die eigene Homosexualität.

→ In Aufsätzen, Reden und Radioansprachen wird der Wandel der politischen Haltungen des Autors entlang der historischen Umbrüche nachvollziehbar: von einem angepassten Mitglied der großbürgerlich-aristokratischen Gesellschaft wurde er nach dem Ersten Weltkrieg zum Republikaner, wandte sich früh gegen Hitler, emigrierte nach 1933 in die USA, versuchte aber nach 1945, ein intellektuelles Deutschtum zu retten.

Die Geschichte seiner eigenen Familie sowie das Großbürgertum seiner Heimatstadt Lübeck bildet unverhohlen den Stoff seines Romandebüts *Buddenbrooks* (1901), für das Thomas Mann 1929 den Nobelpreis für Literatur erhielt. An vier Generationen einer Lübecker Kaufmannsfamilie wird der *Verfall einer Familie* vorgeführt, wie der Untertitel des Romans lautet. Der letzte hoffnungsvolle Spross der Familie, Hanno, erliegt dem Typhus. Bereits in diesem ersten

Buddenbrooks und *Der Tod in Venedig*

2.3   Angaben und Erläuterungen zu wesentlichen Werken

Roman schlägt Thomas Mann eines seiner Lebensthemen an: den Verfall, die von Nietzsche inspirierte Auseinandersetzung mit der „Décadence". Dieses Thema dominiert beispielsweise auch seine berühmte Novelle *Der Tod in Venedig* (1912), in der die Liebe des alternden Schriftstellers Gustav von Aschenbach zu dem 14-jährigen Tadzio vor dem Hintergrund der Cholera geschildert wird.

Der Zauberberg

Von der intensiven Auseinandersetzung mit der Philosophie, vor allem mit den Gedanken Schopenhauers in seinem Hauptwerk *Die Welt als Wille und Vorstellung* (1819/44), zeugt der Roman *Der Zauberberg* (1924). Der früh verwaiste Hamburger Patriziersohn Hans Castorp besucht seinen lungenkranken Vetter in einem Sanatorium in Davos. Aus dem geplanten dreiwöchigen Besuch werden sieben Jahre, die Castorp auf dem Zauberberg verbringt, nachdem er sich in die Russin Clawdia Chauchat verliebt hat. Mit dem italienischen Republikaner und Humanisten Lodovico Settembrini sowie dessen Gegenpart Leo Naphta, einem Jesuiten und Kommunisten, führt Castorp lange Gespräche über deren Weltanschauungen.

Joseph und seine Brüder

Der vierteilige Romanzyklus *Joseph und seine Brüder* (1933–1943) erzählt die biblische Josephslegende aus dem ersten Buch der Genesis. Thomas Mann, der sich schon seit langem für Mythen interessierte, ging damit einer Anregung Goethes nach. Dieser hatte in seiner Autobiografie *Dichtung und Wahrheit* geschrieben, dass es lohnend sein müsse, diese Geschichte „in allen Einzelheiten auszuführen". Joseph, Sohn Jakobs und Rahels, wird von seinen älteren Brüdern als Sklave nach Ägypten verkauft. Durch Vermittlung des Eunuchen Potiphar wird Joseph zum Traumdeuter des Pharaos. Er sieht sieben reiche und sieben magere Ernten voraus und der Pharao setzt ihn als Verwalter ein. Jakob stirbt, nachdem er seiner Familie in Ägypten erneut begegnet ist. Thomas Mann hat diesen biblischen Handlungsstrang durch ausführliche Beschreibungen und vielfältige Reflexionen zum Roman erweitert.

2.3 Angaben und Erläuterungen zu wesentlichen Werken

Der Roman *Doktor Faustus* (1947) ist Künstlerroman, Zeitroman und Faustroman in einem und markiert einen Höhepunkt in Manns Schaffen. Wie die Rede *Goethe als Repräsentant des bürgerlichen Zeitalters* (1932) oder der Roman *Lotte in Weimar* (1939) verrät auch der *Doktor Faustus*, dass der Nationaldichter Goethe ein wichtiges Vorbild für Thomas Mann war. Der fiktive Erzähler Serenus Zeitblom erzählt in den letzten Jahren des Zweiten Weltkriegs *Das Leben des deutschen Tonsetzers Adrian Leverkühn*, wie es im Untertitel des Romans heißt. Der hochmütige Komponist Leverkühn schließt einen Pakt mit dem Teufel, der ihm zwar Produktivität verleiht, aber die Liebe verbietet. Wie in der Goethe'schen Gestaltung des Stoffes vom Doktor Faustus geht es auch in Thomas Manns Roman um die Entgegensetzung von Geist und Leben sowie um die gesellschaftliche Verantwortung des Intellektuellen.

Doktor Faustus

Neben den epischen Werken ist Thomas Mann mit zwei politischen Arbeiten besonders hervorgetreten: In den *Betrachtungen eines Unpolitischen* (1918) kultivierte Thomas Mann im Unterschied zu seinem kritischeren Bruder Heinrich die Haltung eines weltabgewandten Literaten. Der zunächst kriegsbegeisterte Thomas Mann schrieb hier über die „deutsche Seele". Bereits 1922 sprach er sich aber für die Weimarer Republik aus, und 1930 wendete er sich gegen den Nationalsozialismus. Zwischen Oktober 1940 und Mai 1945 sandte er dann aus dem amerikanischen Exil 55 Radioansprachen über die BBC an *Deutsche Hörer!* (erschienen 1945). Ein Ziel dieser Reden war die konkrete Aufklärung über die Verbrechen der Deutschen in Europa. Andererseits entlarvte er darin die nationalsozialistische Verfälschung von Ideen wie Freiheit und Vaterlandsliebe.

Politische Stellungnahmen

3. TEXTANALYSE UND -INTERPRETATION

3.1 Entstehung und Quellen

ZUSAMMEN-FASSUNG

→ Mit langen Unterbrechungen hat Thomas Mann fast 50 Jahre an dem Roman gearbeitet. Trotz des Zuspruchs des Publikums hat er mit dem Stoff gehadert, weil er ihm würdelos erschien.

→ Eine Anregung für die Gestaltung von Felix' Lebensweg ist die Autobiografie des damals in ganz Europa erfolgreichen rumänischen Hochstaplers Georges Manolescu (1871–1908).

Lange Entstehungszeit

Bereits ab 1906 hat Thomas Mann für die *Bekenntnisse des Hochstaplers Felix Krull* Material gesammelt. 1910 hat er den späteren Roman **als Novelle begonnen**. Am 10. Januar 1910 schrieb er seinem Bruder Heinrich: „Ich sammle, notiere und studiere für die Bekenntnisse des Hochstaplers, die wohl mein Sonderbarstes werden. Ich bin manchmal überrascht, was ich dabei aus mir heraushole. Es ist aber eine ungesunde Arbeit und für die Nerven nicht gut."

Ein **erstes Bruchstück** erschien 1911 im Almanach des Fischer-Verlages. Unter dem Titel *Schulkrankheit* folgte 1919 ein weiterer Abschnitt in *Das Kestner-Buch*. 1922 veröffentlichte Mann das *Buch der Kindheit* als selbstständige Schrift (limitierte Ausgabe, erst 1923 offizielle Buchhandelsausgabe). 1937 erschien eine erweiterte Fassung und 1954 die **endgültige fragmentarische Fassung** des Romans (*Der Memoiren erster Teil*). Mann hat die Arbeit an den *Bekenntnissen* mehrfach für andere schriftstellerische Projekte unterbrochen. *Der Tod in Venedig* (1912), *Der Zauberberg* (1924), die

3.1 Entstehung und Quellen

Horst Buchholz als Felix Krull in der Verfilmung von 1957
© picture alliance / Sammlung Richter

Anhaltende Zweifel am Projekt

Joseph-Tetralogie (1933–43), *Doktor Faustus* (1947) waren dem Autor wichtiger und erschienen ihm bedeutender als die Hochstapler-Biografie, die er 1915 in einem Brief als „grundwunderliches Unternehmen"[2] bezeichnete. Thomas Mann zweifelte an der Seriosität und der literarischen Bedeutsamkeit der *Bekenntnisse* und hob vor allem die humoristische Seite des Romans hervor.

Ab 1947 erwog er die Idee, die *Bekenntnisse* nach beinahe 40-jähriger Pause fortzusetzen.[3] 1951 äußerte er in einem Brief:

---

2 Zitiert nach: Wysling: *Thomas Mann I*, S. 305.
3 Brief an Hermann Hesse, 25. 11. 1947. Zitiert nach: Wysling: *Thomas Mann I*, S. 321.

3.1 Entstehung und Quellen

„Es macht mir Spaß, über vier Jahrzehnte und all das inzwischen Getane hinweg an jenes kuriose Fragment wieder anzuknüpfen. Immer habe ich das Material dazu mit mir geführt, und es war sehr sonderbar, als ich neulich auf dem alten, fast noch gar nicht beschriebenen Münchener Manuskript-Blatt, auf dem ich anno 1911 unterbrach, um erst den *Tod in Venedig* vorzunehmen, zu schreiben fortfuhr."[4]

Doch auch in dieser **letzten Arbeitsphase** haben Mann die Zweifel an dem Projekt nicht verlassen. An Adorno schrieb er 1952: „Diese Krull-Memoiren machen mir ein Maß von Sorge, das mit dem ihrer Würde nicht übereinstimmt."[5] Zudem hielt sich der 77-Jährige inzwischen für zu alt, um die jugendliche Vitalität seiner Hochstapler-Figur gestalten zu können.

Georges Manolescus Autobiografie

Die Autobiografie des rumänischen Hochstaplers Georges Manolescu (1871–1908), der unter so klangvollen Namen wie Fürst Lahovary, Prinz von Padua oder Marchese de Passano als Betrüger und Hoteldieb arbeitete und in Europa, Amerika und Japan zu einiger Berühmtheit gelangte, war eine bedeutende Anregung für die *Bekenntnisse*. Was den Lebenslauf seiner Romanfigur angeht, hielt sich Thomas Mann weitgehend an Manolescus Autobiografie, die 1905 in deutscher Übersetzung unter dem Titel *Ein Fürst der Diebe* erschienen war. Auch der zweite Band *Gescheitert. Aus dem Seelenleben eines Verbrechers* findet sich in Manns Nachlass.[6] Während Manolescu aber der Gesellschaft die Schuld an seinen kriminellen Akten zuschiebt, um sich aus der Verantwortung für sein Tun zu

---

4   Brief an Agnes Meyer, 26. 1. 1951. Zitiert nach: Wysling: *Thomas Mann I*, S. 323.
5   Zitiert nach: Wysling: *Thomas Mann I*, S. 342.
6   Die beiden Bände waren lange Zeit schwer zu beschaffen, 2020 erschien jedoch eine Neuausgabe, die beide Bände vereinigte: Fürst Lahovary/Georges Manolescu: *Mein abenteuerliches Leben als Hochstapler*. Mit einem Nachwort von Thomas Sprecher. Manesse Verlag, 2020.

3.1 Entstehung und Quellen

stehlen, betont Felix Krull geradezu auffällig, dass er allein für sich
und sein Leben verantwortlich ist. Krull inszeniert sich als Self-
mademan, er ist stolz auf seine Täuschungskunst.

Zur geplanten Fortsetzung der *Bekenntnisse* gibt es einige Hin-
weise als Vorausdeutungen in dem Roman. Daneben hat Thomas
Mann zu Beginn seiner Arbeit eine Inhaltsübersicht notiert:

Geplante
Fortsetzung

> „Felix Krull wird mit 20 Jahren Kellner, lernt mit 21 den jun-
> gen Aristokraten kennen, an dessen statt er reist. Kehrt mit 22
> zurück. Arbeitet bis 27 als Hoteldieb. Von 27 bis 32 im Zucht-
> haus. Heiratet mit 34. Gerät mit 39 wieder in Untersuchungshaft
> und wird von Polizisten an das Sterbebett seiner Frau begleitet.
> Flucht aus dem Untersuchungsgefängnis und Entweichung nach
> England."[7]

Gemessen an diesem Plan hat Thomas Mann in den *Bekenntnissen*
nur einen kleinen Teil seines ursprünglichen Vorhabens realisiert.

---

7   Zitiert nach: Wysling: *Narzissmus*, S. 405.

3.2 Inhaltsangabe

1. Buch (S. 7–62)
Felix Krull wird Anfang der 1870er Jahre im Rheingau ge-
boren. Sein Vater, der betrügerische Sektfabrikant Engelbert
Krull, ermuntert den hübschen Achtjährigen zu einem ersten
Betrug: Mit einer präparierten Violine tritt Felix mit einem
Kurorchester auf und mimt mit großem Erfolg einen virtuosen
Geiger. Sein gutes Aussehen und seine Freude am Verkleiden
bei seinem Patenonkel, dem Kunstmaler Schimmelpreester,
sind weitere Bausteine der späteren Karriere als Hochstapler.
Felix begeht zudem kleine Diebstähle. Außerdem entwickelt
er eine Meisterschaft im Simulieren von Krankheitssympto-
men, um sich vor der Schule zu drücken. Den Abschluss seiner
Kindheit bildet ein erotisches Verhältnis mit seinem Kindermädchen. Der Vater geht bankrott und nimmt sich das Leben.

2. Buch (S. 63–190)
Nach dem Selbstmord des Vaters zieht Felix mit seiner Mutter und seiner Schwester Olympia nach Frankfurt. Die Mutter
eröffnet eine Pension. Vor den Schaufenstern macht sich Felix
durch die ausgestellten Waren mit den äußerlichen Zeichen
der gehobenen Gesellschaft vertraut. Bei seiner Musterung
für den Militärdienst simuliert Felix gekonnt verschiedene
Symptome, sodass er ausgemustert wird. Bei seinen Streif-
zügen durch die Stadt erregt Felix das erotische Interesse
von Frauen und Männern. Er geht eine Beziehung mit der
Prostituierten Rozsa ein und genießt ihre Liebesschule. Auf
Vermittlung seines Paten Schimmelpreester tritt Felix eine

3.2 Inhaltsangabe

Stelle als Liftboy in einem Hotel in Paris an. Auf dem Weg von Frankfurt nach Paris stiehlt er einer reichen Dame wertvollen Schmuck. Im Hotel Saint James and Albany trifft er die Dame wieder, deren Name Diane Houpflé lautet. Sie verführt ihn und lädt ihn dazu ein, den Diebstahl zu ihrem erotischen Genuss zu wiederholen.

3. Buch (S. 191–399)

Durch den Verkauf des Schmucks erwirbt Felix ein kleines Vermögen, das den Grundstock für ein Doppelleben bildet: Tagsüber arbeitet er sich in der Hierarchie des Hotels bis zum Kellner hoch, weil er den Gästen gefällt und sich in der missgünstigen Konkurrenz der Mitarbeiter behaupten kann. Nach Feierabend wechselt Felix die Kleidung und besucht die Vergnügungsorte der vornehmen Gesellschaft. Mehrere Frauen und Männer verlieben sich in ihn. Eleanor Twentyman, Tochter reicher Eltern, will ihn heiraten. Der homosexuelle Lord Kilmarnock will Felix adoptieren und ihm sein Schloss vererben. Doch Felix schlägt das Leben als reicher Adeliger für ein Leben in der Freiheit von Möglichkeiten aus. Felix' großes Abenteuer besteht im Rollentausch mit dem jungen Marquis Louis de Venosta. Stellvertretend für den Adeligen geht er auf eine Bildungsreise, damit jener gegen den Willen seiner Familie bei seiner Freundin in Paris bleiben kann. Im Zug nach Lissabon, der ersten Station seiner Reise, lernt Felix den dortigen Leiter des Naturkundemuseums, Professor Kuckuck, kennen, der ihn zu sich nach Hause einlädt. Felix flirtet sowohl mit der Tochter wie mit der Ehefrau des Professors.

3.2 Inhaltsangabe

In seiner Rolle als Marquis de Venosta nimmt Felix an einer Gesellschaft des Botschafters teil, wo er großen Eindruck auf die adelige Gesellschaft macht. Er erhält eine Audienz beim portugiesischen König, und auch dieser ist von Felix so begeistert, dass er ihm einen Orden verleiht. Felix intensiviert als angeblicher Marquis de Venosta den Kontakt mit Familie Kuckuck. Nach dem Besuch eines Stierkampfes küsst er zuerst leidenschaftlich Tochter Zouzou und schläft danach mit der Mutter Maria Pia.

Erstes Buch
Erstes Kapitel (S. 7–11): Schreibsituation; Landschaftsbeschreibung; Schaumweinfabrik des Vaters

Rückschau auf ein bewegtes Leben

Bevor der Hochstapler Felix Krull sein Leben erzählt, berichtet er von den Umständen seiner Niederschrift: Dem Anschein nach spricht hier ein alter und altmodischer Mensch, der nicht nur mit „der Feder" schreibt, sondern sie zu diesem Zweck „ergreift". Seine Worte sind sorgfältig gewählt und behutsam gesetzt. Felix Krull lebt zum Zeitpunkt seiner Niederschrift müßig und zurückgezogen. Seine Müdigkeit verrät ein bewegtes, verzehrendes Leben, denn sie ist nicht die Folge einer Krankheit. Felix Krull betont, dass seine eigenen Erfahrungen den Stoff seiner Erzählung bilden. Damit möchte er unterstreichen, dass seine Geschichte keine Erfindung, sondern ein wahrhaftiger und freimütiger Lebensbericht ist.

Auch der Vater ein Hochstapler

Felix wird in der ersten Hälfte der 1870er Jahre (zum Vergleich: Thomas Mann: * 1875; Georges Manolescu: * 1871) westlich von Mainz im Rheingau geboren. Sein Vater Engelbert ist ein Lebemann, der französische Lebensart, Alkohol und Abendgesellschaften schätzt. Der Sektfabrikant stellt dem Kindermädchen und an-

3.2 Inhaltsangabe

deren Frauen nach. Engelbert Krull verkauft seinen gepanschten Sekt „Lorley extra cuvée" in einer edlen Verpackung, um die Kunden zu blenden. Das vornehme Etikett stammt von Felix' Paten, dem Kunstmaler Schimmelpreester, der nicht nur bei dem Sekt-Betrug mithilft, sondern sich außerdem „Professor" nennen lässt, ohne ein Anrecht auf diesen Titel zu haben. Dass Felix und seine Schwester Olympia zeitweise von einem Kindermädchen erzogen werden, das aus dem schweizerischen Städtchen Vevey am Genfer See stammt, ist wie die Villa mit Blick auf den Rhein ein Ausweis des gewollt großbürgerlichen Lebensstils der Familie Krull.

„Übrigens bin ich entschlossen, bei meinen Aufzeichnungen mit dem vollendetsten Freimut vorzugehen und weder den Vorwurf der Eitelkeit noch den der Schamlosigkeit dabei zu scheuen." (S. 8)
Engelbert Krull zur Rechtfertigung seines Etikettenschwindels: „(...) ich gebe dem Publikum, woran es glaubt." (S. 10)

*Felix'
Erzählprinzip*

Zweites Kapitel (S. 11–17): Felix' Kindheit

Felix ist ein Sonntagskind mit einem attraktiven Äußeren, einem harmonischen Körperbau und einer wohlklingenden Stimme. Die blonden Haare bilden einen interessanten Kontrast zu der braunen Haut. Er hält sich im Vergleich mit Gleichaltrigen für überlegen. Schon als Kind schläft Felix viel und traumlos. Dafür lebt er tagsüber Träume: Er spielt gerne Rollen. So lässt er sich z. B. im Kinderwagen als Kaiser verehren. Die Familie fördert diese Lust am Rollenspiel. Das Leben in Fantasien ist Felix das größte Glück, denn die Freiheit des Willens steht für ihn über natürlichen Gegebenheiten. Er schult seine Willenskraft derart, dass er selbst reflexartige Körperfunktionen wie das Öffnen und Schließen der Pupillen willentlich zu kontrollieren vermag.

*Leben in
Fantasien,
Freiheit des
Willens*

3.2   Inhaltsangabe

Hierarchien haben in Felix' Weltbild eine zentrale Bedeutung. In dieser Welt großer und kleiner Leute ist Schmeichelei ein Mittel gesellschaftlichen Aufstiegs.

Felix' Selbstbild

„Ja, der Glaube an mein Glück und dass ich ein Vorzugskind des Himmels sei, ist in meinem Innersten stets lebendig gewesen, und ich kann sagen, dass er im Ganzen nicht Lügen gestraft worden ist." (S. 13)
„Welch eine herrliche Gabe ist die Fantasie, und welchen Genuss vermag sie zu gewähren!" (S. 14)
„Denn wer alle Dinge und Menschen für voll und wichtig nimmt, wird ihnen nicht nur dadurch schmeicheln und sich somit mancher Förderung versichern, sondern er wird auch sein ganzes Denken (...) mit (...) einer Verantwortlichkeit (...) erfüllen, die (...) zu den höchsten Erfolgen und Wirkungen führen kann." (S. 17)

Drittes Kapitel (S. 17–24): Feste im Hause Krull; erster Betrug im Urlaub als Geigenvirtuose
Bei seinen Mitschülern ist Felix Krull wegen seiner familiären Herkunft nicht akzeptiert: Im Hause Krull werden regelmäßig ausufernde Abendgesellschaften und Feste veranstaltet, deren Gäste zwar z. T. angesehene Positionen bekleiden und Titel führen, die aber dennoch nicht besonders vornehm sind. Nach dem Essen geht es schlüpfrig zu. Während Mutter und Tochter stillos und wenig dezent sind, gibt sich der Vater kultiviert und großzügig, obwohl er sich das ausschweifende Leben eigentlich gar nicht leisten kann.

Felix als geigendes „Wunderkind"

Bei einem Kuraufenthalt in Langenschwalbach hat der achtjährige Felix seinen ersten Erfolg als Hochstapler. Er erlebt, dass ihm Hochstapelei sowohl gesellschaftliche Anerkennung als auch materiellen Gewinn einbringen kann. Felix amüsiert zunächst seine

3.2 Inhaltsangabe

Familie damit, dass er mit zwei Stöcken den ersten Violinisten des Kurorchesters nachahmt. Der Vater animiert ihn, den Auftritt vor Publikum zu wiederholen. Hübsch angezogen und ausgestattet mit einer Violine, deren Bogen mit Vaseline präpariert ist, gibt Felix mit dem Kurorchester einen Auftritt als geigendes Wunderkind. Das Publikum ist begeistert: Eine Aristokratin steckt ihm eine Diamantbrosche in Gestalt einer Leier an, die ein Symbol des Gottes Hermes ist. Und auch die vornehmen Kinder, die Felix bisher hochnäsig ignoriert haben, müssen ihn nun ernst nehmen.

Viertes Kapitel (S. 24–27): Pate Schimmelpreester; Felix' „Kostümkopf"

Von besonderer Bedeutung für Felix' Entwicklung ist sein Pate Schimmelpreester. Schimmelpreester ist die Karikatur eines Paten, der eigentlich bei der Taufe die Verantwortung für die christliche Erziehung seines Patenkindes übernimmt. Der Kunstmaler hat einen bitteren, skeptischen Blick auf die Welt. In der Natur sieht er nur Verfall und Verderbnis. Künstler sind für ihn zweifelhafte Charaktere. Zur Erläuterung erzählt er die Geschichte des attischen Bildhauers Phidias (ca. 490 bis ca. 430 v. Chr.), der um 432/431 einen Teil der mehr als 1000 kg Gold, das er zur Herstellung einer Skulptur der Athene bekommen hatte, unterschlagen haben soll und dafür von den Athenern verurteilt wurde. Gerade dieses Verbrechen sei ein Indiz für die Genialität des Künstlers, denn nach Schimmelpreesters Auffassung ist künstlerisches Talent notwendig mit Abweichung und dem Verstoß gegen gesellschaftliche Konventionen verbunden.

Felix' Mentor

Felix sitzt seinem Paten häufig mit großer Freude nackt oder in Verkleidung Modell. Felix ist begeistert, wenn er die Kostüme unterschiedlicher Zeiten, Länder und verschiedener gesellschaftlicher Stände tragen darf. Jede Verkleidung wirkt natürlich an ihm.

1 SCHNELLÜBERSICHT   2 THOMAS MANN:
LEBEN UND WERK   3 TEXTANALYSE UND
-INTERPRETATION

3.2   Inhaltsangabe

Das Ablegen der Kostüme und die Rückkehr in den Alltag machen Felix traurig und sehnsüchtig.

„„Er hat einen Kostümkopf", pflegte er [Schimmelpreester] zu sagen und meinte damit, dass alles mir zu Gesichte stünde, jede Verkleidung sich gut und natürlich an mir ausnähme." (S. 26)

Fünftes Kapitel (S. 27–36): Theaterbesuch; Entzauberung des Schauspielers Müller-Rosé

Blick hinter die Fassade

In Wiesbaden besucht der 14-jährige Felix erstmals ein Theater, das er als eine „Kirche des Vergnügens" (S. 28) bezeichnet. Nach der Aufführung der heiteren Operette macht er die desillusionierende Bekanntschaft mit dem Schauspieler Müller-Rosé, einem Freund seines Vaters. Der Schauspieler, der das Publikum während der Aufführung „zu blenden, zu entzücken verstand" (S. 29), der auf der Bühne als höheres, ideales Wesen erschienen war, entpuppt sich in seiner Garderobe als außerordentlich hässlicher Mensch. Felix untersucht genau, wie die Täuschung auf der Bühne gelingen konnte. Das Publikum nimmt dem Schauspieler auf der Bühne gerne seine gespielte Vornehmheit ab, weil es in dieser Rolle seine eigenen Träume verwirklicht sieht. Felix sieht die besondere Begabung Müller-Rosés darin, dass er seine wirkliche Unansehnlichkeit zu vergessen in der Lage ist, wenn er auf der Bühne einen jugendlichen Herzensbrecher mimt. Die Leistung des Schauspielers (wie des Betrügers) liegt darin, für Momente die eigene reale Identität zu vergessen, um erfolgreich eine erfundene Rolle vortäuschen zu können.

Über das Theaterpublikum

„Welche Einmütigkeit in dem guten Willen, sich verführen zu lassen!" (S. 35)

Sechstes Kapitel (S. 36–47): Schulkrankheit; Hausarzt Dr. Düsing
Felix geht sehr ungern in die Schule, er vergleicht sie mit einem
Zuchthaus. Freunde hat er unter den Mitschülern nicht. Er schreibt
sich selbst Entschuldigungen, die er mit der Unterschrift seines Vaters versieht. Oder er simuliert Krankheit, um mit Erlaubnis der Mutter zu Hause bleiben zu dürfen. Als Simulant und Betrüger vertritt
Felix eine andere Auffassung als sein Vater, der mit den schönen
Etiketten auf seinem schlechten Schaumwein bloß die Sehnsüchte
der Kunden befriedigt und damit schließlich scheitert. Felix glaubt
hingegen, dass jeder gelingende Betrug ein Körnchen Wahrheit enthalten müsse. Deshalb muss er sich zunächst selbst davon überzeugen, krank zu sein. Das fällt ihm auch deshalb nicht schwer, weil er
sich selbst für einen besonders edlen und feinen Charakter hält, der
immer eine enge Verbindung mit dem Leiden habe. Durch Körperbeherrschung versieht sich Felix mit den Symptomen der Krankheit. Felix entwickelt dabei den Ehrgeiz eines Täuschungskünstlers:
Er will nicht bloß den Zweck erreichen, die Schule schwänzen zu
dürfen. Er will, dass Mutter und Arzt sein gespieltes Unwohlsein
als echte Krankheit ansehen. Er will seine Träume verwirklichen,
will wie ein Gott aus dem Nichts Wirklichkeit erschaffen.

Nach einem gespielten Brechanfall ruft die Mutter den Hausarzt
der Familie, Sanitätsrat Düsing. Dass auch der zunächst „Schulkrankheit" diagnostiziert, spornt Felix zu besonderen schauspiele-
rischen Leistungen an. Er spielt die Krankheit immer weiter, bis
der Arzt mit seiner Menschenkenntnis am Ende ist. Er glaubt, dass
Felix ernsthaft krank sein müsse, und täuscht nun seinerseits vor,
bei Felix die Symptome einer Grippe zu erkennen. Obwohl er den
Arzt für vollkommen inkompetent hält, rechtfertigt Felix die Irr-
tümer des Arztes durch seine Meisterschaft in der Täuschung: Er
habe die körperlichen Symptome tatsächlich mit bloßer Willenskraft
hervorgerufen.

Gefälschte Ent-schuldigungen

Ratloser Sanitätsrat

3.2 Inhaltsangabe

„Nach meiner Theorie wird jede Täuschung, der keinerlei höhere Wahrheit zugrunde liegt und die nichts ist als bare Lüge, plump, unvollkommen und für den erstbesten durchschaubar sein. Nur der Betrug hat Aussicht auf Erfolg und lebensvolle Wirkung unter den Menschen, der den Namen des Betrugs nicht durchaus verdient, sondern nichts ist als die Ausstattung einer lebendigen, aber nicht völlig ins Reich des Wirklichen eingetretenen Wahrheit mit denjenigen materiellen Merkmalen, derer sie bedarf, um von der Welt erkannt und gewürdigt zu werden." (S. 39)

„Ich hatte die Natur verbessert, einen Traum verwirklicht, – und wer je aus dem Nichts, aus der bloßen inneren Kenntnis und Anschauung der Dinge, kurz: aus der Fantasie, unter kühner Einsetzung seiner Person eine zwingende, wirksame Wirklichkeit zu schaffen vermochte, der kennt die wundersame und träumerische Zufriedenheit, mit der ich damals von meiner Schöpfung ausruhte." (S. 43)

Siebentes Kapitel (S. 47–51): Erster Diebstahl im Feinkostgeschäft

Nur Verwirklichung eines Traumes?

Auf seinem Schulweg kommt Felix an einem Feinkostgeschäft vorbei, das er eines Mittags unbeaufsichtigt vorfindet. Ungeniert betrachtet er den Überfluss und opulenten Luxus der Lebensmittel in diesem Laden. Schließlich füllt er sich die Taschen mit Pralinés und flüchtet aus dem Geschäft. Der gereifte, reflektierende Bekenner Felix Krull spricht diesem Diebstahl in seiner Jugend eine höhere Bedeutung zu: Jeder träume von solchen oder ähnlichen Gelegenheiten und Taten, er aber habe gehandelt und getan, was andere nur wünschten. Es ist sein Lebensziel, Träume zu verwirklichen.

„Die Bonbons waren prima Ware, in farbiges Stanniol verpackt, mit süßem Likör und fein parfümierter Crème gefüllt; aber nicht ihre Vorzüglichkeit war es eigentlich, was mich berauschte, sondern der Umstand, dass sie mir als Traumgüter erschienen, die ich in die Wirklichkeit hatte hinüberretten können (...)" (S. 51)

Achtes Kapitel (S. 52–56): Sexuelle Entwicklung; erstes Liebesabenteuer mit Zimmermädchen Genovefa

Felix sieht seine Erzählung in einem Spannungsfeld aus Freimütigkeit und Moral. Die Erzählungen seiner sexuellen Entwicklung rechtfertigt er mit der im 1. Kapitel versprochenen Offenheit seiner Bekenntnisse. Schon an der Brust seiner Amme habe sich seine besondere Begabung zur Liebe gezeigt. Bereits als Kind hing er sexuellen Fantasien nach und hat wohl auch onaniert, wie aus Andeutungen hervorgeht. Mit etwa 16 Jahren beginnt Felix eine mehrjährige sexuelle Beziehung mit dem Zimmermädchen der Krulls, Genovefa. Die kräftige Frau Anfang 30 stammt aus kleinbürgerlichen Verhältnissen und sieht in der Beziehung zu Felix den ersehnten Kontakt mit einer höheren gesellschaftlichen Schicht. Seinen ersten Geschlechtsverkehr nach einer Sitzung mit Schimmelpreester beschreibt Felix als ein unerhörtes Vergnügen, wobei sein eigener Lustgewinn aus der Lust Genovefas an ihm resultiert habe. Sein Erfolg als Liebhaber beruhe auf seiner völligen, erschöpfenden Hingabe.

Frühe erotische Fantasien

Neuntes Kapitel (S. 56–62): Konkurs der väterlichen Fabrik; Selbstmord des Vaters

Kurz vor dem Selbstmord seines Vaters verlobt sich Felix' ältere Schwester Olympia mit einem Leutnant Übel. An der Verlobung interessiert Felix vor allem der mit einer Eheschließung verbundene Namenswechsel. Die Möglichkeit, in der Mitte des Lebens einen neuen Namen anzunehmen, hält Felix für einen Vorzug der Frauen.

Faszination für Namenswechsel

3.2 Inhaltsangabe

An dieser Stelle deutet er an, dass er später selber einen neuen
Namen annehmen wird.

Seiner Schwester bleibt der lächerliche Name Olympia Übel er-
spart: Die Sektkellerei des Vaters geht vor der Hochzeit in Konkurs.
Der etwa 18-jährige Felix verlässt daraufhin die Oberrealschule
ohne Abschluss. Die Familie verliert neben der Schaumweinfabrik
auch einen großen Teil ihres privaten Vermögens, bleibt aber zunächst in den vom Luxus entleerten Räumen der Villa. Der Vater un-
ternimmt Versuche, ökonomisch wieder auf die Beine zu kommen,
aber er scheitert. Im Herbst schießt er sich in seinem Arbeitszimmer
ins Herz.

Zweites Buch
Erstes Kapitel (S. 63–64): Einordnung des eigenen literarischen
Schaffens

Felix reflektiert
seine Erzählprin-
zipien

Zu Beginn des zweiten Buches berichtet Felix von einer einjähri-
gen Schreibpause. Wie zu Beginn des ersten Buches thematisiert
er die Umstände seines Schreibens und erklärt seine Erzählprinzi-
pien. Felix grenzt seine Bekenntnisse von den erfundenen Krimi-
nalgeschichten ab, die durch Knalleffekte und Verwicklungen die
Aufmerksamkeit der Leser auf sich zögen und fesselten. Gleichwohl habe er sich selbst mit der erneuten Lektüre seiner bisherigen
Aufzeichnungen gut unterhalten und glaube daher, dass auch die
Öffentlichkeit Interesse an seiner Geschichte haben werde. Zum Beweis und um Neugier zu wecken, deutet er zwei Episoden seines
Hochstapler-Lebens an, die im weiteren Verlauf des Romanfrag-
ments jedoch nicht wieder aufgegriffen werden, obwohl Thomas
Mann in seinem ursprünglichen Plan des Romans Aufenthalte im
Zuchthaus vorgesehen hatte (vgl. Kapitel 3.1 der vorliegenden Er-
läuterung, S. 25).

3.2 Inhaltsangabe

Zweites Kapitel (S. 65–71): Felix erwirkt beim Geistlichen Rat Chateau ein christliches Begräbnis für den Vater; Beerdigung
Die katholische Kirche sieht Selbstmord als Sünde an. Felix geht zum Stadtpfarrer, dem Geistlichen Rat Chateau, um ihn dennoch zu einem christlichen Begräbnis seines Vaters zu überreden. In seiner heiter-sinnlichen Lebensart erinnert Chateau an Felix' Vater. Felix erklärt dem Pfarrer, dass der Selbstmord eigentlich ein Unfall gewesen sei, was dieser zu glauben bereit ist, weil der Kirche ohnehin die Mitglieder davonlaufen. Am Ende des erfolgreichen Besuchs lobt der Geistliche Felix' angenehmes Auftreten, vor allem seine Stimme, und prophezeit ihm eine glückliche Zukunft. Felix gibt viel auf diese Komplimente, weil der Geistliche durch die Hierarchie der katholischen Kirche ein Gespür für menschliche Rangordnungen entwickelt habe.

Komplimente eines Pfarrers

Das Begräbnis findet in kleinstem Kreis statt. Nur Leutnant Übel, Schimmelpreester und Felix folgen dem Sarg. Die alten Freunde, die an den Festen im Hause Krull teilgenommen hatten, lassen sich nicht sehen.

Felix hält Chateaus Prophezeiung einer glücklichen Zukunft für zutreffend. Dass er seinem Wesen nach ein Glückskind sei, glaubt auch Felix. Den Grund für seine Schönheit kann er bei seinen Vorfahren nicht erkennen. Deshalb schließt er, dass sein körperlicher Reiz eine Wirkung seiner edlen Seele sein müsse. Seine Armut und gesellschaftliche Bedeutungslosigkeit stehen für Felix im Widerspruch zu seiner Schönheit und seinem natürlichen Adel.

Drittes Kapitel (S. 71–77): Pate Schimmelpreester ordnet die Verhältnisse für die Mutter, die Schwester und Felix
Nach dem Tod des Vaters muss die Familie Krull ihre Villa verlassen. Schimmelpreester stellt Pläne für die Zukunft jedes Familienmitglieds auf. Er plädiert dafür, die Katastrophe des Todes von Engel-

Ein Neuanfang für die Familie

3.2   Inhaltsangabe

bert Krull für einen Neuanfang zu nutzen. Felix' Mutter schlägt er vor, mit ihren persönlichen Ersparnissen eine Fremdenpension in einer großen Stadt zu eröffnen, weil sie in der Rolle der Gastgeberin geübt sei.

Für Felix' Schwester sieht Schimmelpreester eine Karriere auf einer Operetten- oder Theaterbühne vor. Ihre schwache Stimme könne sie dabei mit ihren körperlichen Vorzügen kompensieren. Er will sie einem Freund empfehlen, der eine Theateragentur betreibt.

Hotel als Sprungbrett in höhere Sphären?

Felix müsse der Weg zu einem Leben in höheren gesellschaftlichen Sphären geebnet werden, meint der Pate. Um ihn mit der großen Welt in Kontakt zu bringen, besorgt er Felix eine Stelle in dem Hotel Saint James and Albany in Paris, das von seinem früheren Freund Isaak Stürzli geführt wird. Felix freut sich sehr über die Vorstellung, in Paris ein neues Leben zu beginnen. Zuvor muss er aber noch seiner Militärdienstpflicht entgehen.

Zum Jahreswechsel reisen Mutter und Sohn nach Frankfurt ab, wo die Mutter ihre Pension eröffnen will. Felix kündigt an, dass er seinen Paten noch einmal wiedersehen wird. Dieses Zusammentreffen wird aber bis zum Ende des Romanfragments nicht beschrieben.

Viertes Kapitel (S. 77–90): Frankfurt; Pension der Mutter; Felix bildet sich an den Schaufenstern

Pension „Loreley"

Felix verspricht eine zeitraffende Darstellung der Frankfurter Episode, erzählt dann aber doch ausführlich von den ersten schäbigen Tagen, die er mit seiner Mutter in Frankfurt verbringt, während Olympia schon in Köln ist. In einem Hinterhaus findet Felix' Mutter eine billige Wohnung, in der sie ihre Pension eröffnet. Ein Ingenieur und zwei Schauspieler sind die ersten Gäste. Die Mutter nennt ihre Pension Loreley. Der Pate Schimmelpreester schickt ein entsprechendes Schild: Der Name, unter dem die Familie bankrottgegangen ist, wird zum Zeichen des Erfolgs der Mutter.

3.2 Inhaltsangabe

Seine Freizeit nutzt Felix für Beschäftigungen, die er „Bildung"
nennt. Dass er tatsächlich vor allem viel schläft, steht nach seiner
Auffassung dazu nicht im Widerspruch: Bildung sei nicht das Er-
gebnis von anstrengender, mühsamer Arbeit, sondern resultiere
aus Freiheit und Muße. Auf dieser angenehmen Seite folgt er dem
emphatischen Bildungsbegriff des 19. Jahrhunderts, bei den Inhal-
ten seiner Bildung jedoch nicht: Weil er kein Geld hat, schaut er
sich die Auslagen in den Schaufenstern bloß an und beobachtet
die Reichen und Schönen in den Kaffeehäusern von außen. Auf-
merksam und staunend nimmt Felix die lebhafte Stadt mit ihren
vielfältigen Eindrücken in sich auf. Besonders intensiv studiert er
die Luxusgüter in den erleuchteten Schaufenstern. Er macht sich
mit dem Mobiliar, der Garderobe sowie dem Schmuck der höheren
Gesellschaft vertraut. Auf dem Balkon eines Hotels beobachtet Felix
ein südamerikanisches Geschwisterpaar – möglicherweise zweiei-
ige Zwillinge –, das ihn mit seiner Schönheit und Gepflegtheit, vor
allem aber mit seiner „lieblichen Zweiheit" (S. 87) bezaubert, ein
Motiv, das später in den Figuren Mutter und Tochter Kuckuck wieder auftaucht.

Studium der Luxusgüter

Das süd-amerikanische Geschwisterpaar

Felix tritt in Kontakt mit der vornehmen Gesellschaft, indem er
vor Theatern den Herrschaften Kutschen ruft. Besonderes Gefallen
findet Felix an den klangvollen Namen und Titeln. Die Trinkgelder,
die ihm für seine kleinen Dienste zugesteckt werden, interpretiert
Felix als Ausdruck des gefälligen Interesses an seiner Person. Dass
er mit den Herrschaften nicht ins Gespräch kommt, stört ihn nicht:
Die neugierigen und überraschten Blicke, die ihn treffen, hält er
für einen glücklicheren, höherwertigen Kontakt.

„Wer aus minderem Holz gemacht ist, wird Bildung nicht erwer-
ben; wer sie sich aneignete, war niemals roh." (S. 80)

3.2   Inhaltsangabe

Fünftes Kapitel (S. 90–112): Musterung

Recherche in
Fachbüchern

Mit einem medizinischen Lehrbuch bereitet sich Felix auf seine Musterung vor. Sein Ziel ist es, dass er für untauglich erklärt wird, damit er die Stelle in Paris antreten kann. Wie ein Schauspieler übt Felix die körperlichen Symptome einzelner Krankheiten ein. Im März reist er für eine erste Begutachtung nach Wiesbaden, im Mai fährt er erneut, um sich der Musterungskommission zu präsentieren. Die triste Kaserne und das Gebaren der Soldaten stoßen Felix ab. Mit Felix warten Männer unterschiedlichen Standes und Alters auf ihre Musterung. Gemeinsam ist ihnen die Hoffnung, als untauglich ausgemustert zu werden.

Wie ein
Schauspieler
auf der Bühne

Felix fühlt sich allen anderen überlegen. Gerade nackt zeige sich seine natürliche Überlegenheit. Das Untersuchungszimmer betritt Felix wie ein Schauspieler die Bühne. Anders als seine Vorgänger, die ihr Ziel, für untauglich erklärt zu werden, durch Übertreibung kleinerer Erkrankungen zu erreichen versuchen, beginnt Felix seine Musterung mit dem Gegenteil. Er tut so, als wolle er unbedingt zum Militär, und erregt damit das Misstrauen der Ärzte. Selbstverständlich erwartet die Musterungskommission Simulanten. Rollenspielend versteckt Felix deshalb zuallererst, dass er eine Rolle spielt. Zu diesem Zweck verhält er sich unkonventionell, beklagt nicht seinen schlechten Gesundheitszustand, sondern beginnt die Untersuchung vielmehr mit der Erklärung seiner Diensttauglichkeit. Während der untersuchende Arzt das Gefühl hat, wie immer den Gang der Untersuchung zu bestimmen und dem bürgerlichen Rekruten überlegen zu sein, ist es eigentlich Felix, der die Themen vorgibt. Seine Beeinflussung gelingt, was besonders deutlich wird, als der Arzt sagt: „Hm. Ich habe nicht nach den Ihren gefragt. Wer sind die Ihren?" (S. 100) Und schon kann Felix die Geschichte seines armen Vaters abspulen und ihn als alkoholkranken Bankrotteur und Selbstmörder hinstellen, der er ja tatsächlich ist. Felix ver-

3.2   Inhaltsangabe

stärkt dabei den Eindruck, dass er den Wahnsinn vom Vater geerbt habe.

Das Spiel mit übertreibenden Anreden und Titeln ist nur ein kleiner Teil der Simulation von Epilepsie und Wahnsinn vor der Ersatzkommission. Felix redet den untersuchenden Mediziner mit höheren Titeln an, als diesem gebühren. Doch Felix ist kein Schmeichler. Er redet den Arzt so penetrant als Generalarzt an, dass dieser meckernd widersprechen muss. Die Simulation eines epileptischen Anfalls vor der Kommission ist der Höhepunkt der Szene und ein Beispiel aus dem Lehrbuch. Felix hustet, zuckt und schneidet Grimassen, wirkt abwesend und redet ohne Punkt und Komma. Er bringt alle Zeichen des Krankheitsbildes in geradezu parodistisch übertriebener Genauigkeit auf die Bühne. Der leitende Arzt ist betrogen, weil er die vorgegebenen Symptome medizinisch richtig interpretiert und Felix Epilepsie und erblichen Wahnsinn attestiert. Am Ende seines bewusst begonnenen Anfalls ist Felix wirklich besinnungslos. Er wird ausgemustert. Während er bis zu dieser Stelle seiner Bekenntnisse vor allem seine natürliche Begabung und eine vorzügliche körperliche Ausstattung als Grund seines Selbstvertrauens und Erfolgs angab, wird nun deutlich, dass gelingender Betrug auch das Resultat von Studium und Übung ist. Die Militärs bedauern Felix' Untauglichkeit: Sie bescheinigen ihm, dass er ein feiner Soldat gewesen wäre und sich auch in der militärischen Hierarchie behauptet hätte.

Heimlicher Dirigent der Musterung

„(…) dass die wahre und wirkliche Rangordnung erst im ursprünglichen Zustand sich herstelle und dass die Nacktheit nur insofern gerecht zu nennen sei, als sie die natürlich-ungerechte und adelsfreundliche Verfassung des Menschengeschlechtes bedeute." (S. 96 f.)

3.2   Inhaltsangabe

„Denn auf Lüge und Heuchelei muss freilich erkannt werden, wo eine Empfindung zu Unrecht nachgeahmt wird, weil ihren Anzeichen keinerlei Wahrheit und wirkliches Wissen entspricht, was denn Fratzenhaftigkeit und Stümperei notwendig zur kläglichen Folge haben wird. Sollten wir aber über den Ausdruck unserer teuren Erfahrung nicht zu beliebigem Zeitpunkt zweckmäßig verfügen dürfen?" (S. 102)

Sechstes Kapitel (S. 113–125): Auch Männer interessieren sich für Felix; Huren in Frankfurt; Liebesbeziehung zu Rozsa

Androgynes Äußeres

Nach Frankfurt zurückgekehrt, um dort die Zeit bis zu seiner Abreise nach Paris zu überbrücken, hält sich Felix von Menschen in vergleichbarer Lebenssituation fern, weil er seinen Weg ohne Kompromisse gehen will. Er erregt große Aufmerksamkeit und weckt die Begierde von Männern und Frauen. Das Interesse von Männern der höheren Gesellschaft erklärt sich Felix mit dem Anschein der Androgynie seines Äußeren.

Interesse für Prostitution

Felix interessiert sich für die Frankfurter Huren, weil diese durch Schminke und falsche Brillanten für eine bestimmte Wirkung auf den nächtlichen Straßen hergerichtet sind. Die Beschreibungen der Prostitution kleidet Felix in seine altmodische, gestelzte, euphemistische Redeweise: Zuhälterei nennt er beispielsweise „einen gewissen ritterlichen Schutz gewähren" (S. 118).

In Roszas Liebesschule

In einem Kaffeehaus lernt Felix die ungarische Prostituierte Rozsa kennen. Obwohl Felix kein Geld hat, nimmt sie ihn mit zu sich. Sie schlägt ihm vor, sich seiner erfolgversprechenden Schönheit wegen ebenfalls zu prostituieren, und bietet sich selbst als Liebeslehrerin an. Von Anfang an herrscht tiefes Einvernehmen zwischen den beiden. Rozsa war als Zirkuskind aufgewachsen und dann in ein Bordell in Budapest geraten. Von dort brachte sie ein älterer Kaufmann nach Wien. Als dieser starb, ging sie wieder der Prosti-

3.2 Inhaltsangabe

tution nach. Rozsa und Felix gehen eine halbjährige Beziehung ein, die Felix nicht als Zuhälterei verstanden wissen will, obwohl Rozsa ihn an ihren Einnahmen beteiligt. Rozsas Liebesschule verdankt Felix seine späteren Erfolge.

Siebentes Kapitel (S. 125–143): Schmuckdiebstahl am Zoll; Eintreffen im Hotel Saint James and Albany in Paris; Bekanntschaft mit Stanko

Felix verlässt Frankfurt und seine Mutter, deren Pension sich erfolgreich entwickelt. Mit dem Zug fährt er nach Paris – zum letzten Mal in seinem Leben dritter Klasse –, um dort die Stellung im Hotel anzutreten, die ihm sein Pate Schimmelpreester verschafft hat. Im Zug spielt er mit den anwesenden Kindern, die er im Gegensatz zu ihren abstoßenden Eltern erträglich findet. Die Schaffner kommen ihm in ihrer nüchternen Dienstbeflissenheit wie Marionetten vor. Menschlichkeit ist nicht vorgesehen.

Im Zug nach Paris

Bei der Grenzkontrolle umschmeichelt Felix den französischen Grenzbeamten, obwohl er zunächst gar nichts Illegales tut. Durch Zufall gerät das Schmuckkästchen einer reichen Dame, die er später im Hotel wieder trifft, in die Nähe von Felix' Gepäck und er steckt es unbemerkt ein.

Das Schmuckkästchen

Die Stadt Paris zeigt sich abweisend: Es regnet und die Leute, die er nach dem Weg zur Rue Saint-Honoré fragen will, gehen wortlos an ihm vorbei. Eine arme alte Frau zeigt ihm schließlich den Bus. Auf der Fahrt bekommt Felix einen Eindruck vom Glanz und Leben der Stadt, aber auch vom Gegensatz zwischen Arm und Reich.

Schüchtern betritt Felix das Hotel Saint James and Albany durch den prächtigen Haupteingang. Zwischen den vornehmen Menschen in der Halle hat es Felix schwer, zu erfahren, wo er sich als neuer Angestellter melden muss. Wie die Militärärzte

Im Hotel Saint James and Albany

3.2 Inhaltsangabe

Die Pariser Rue Saint-Honoré vor 1900, in der sich Felix' Hotel befindet
© picture alliance / Heritage Images

3.2   Inhaltsangabe

spricht er alle Hausangestellten mit übertreibenden Titeln an. Er neckt die Vorgesetzten, indem er ihren Anordnungen allzu wörtlich folgt.

Felix lernt, dass der Haupteingang nicht für Angestellte gedacht ist und dass auch die Hotelhalle den Gästen vorbehalten ist. Von einem zukünftigen Kollegen erfährt Felix von den schlechten Arbeits- und Lebensbedingungen des Hotelpersonals. Als Felix den Schlafraum des Personals inspiziert, der in krassem Gegensatz zum Luxus der Hotelhalle steht, fühlt er sich an die Schlichtheit einer Kaserne erinnert. Er glaubt sich unbeobachtet und öffnet erstmals das entwendete Kästchen, das eine größere Menge hochwertigen Schmucks enthält. Dabei wird er von seinem kranken Zimmergenossen Stanko beobachtet, der Felix sogleich einen Dieb nennt. Der Kroate bietet seine Hilfe an, einen Hehler für den Schmuck zu finden, und verlangt dafür die Hälfte des Erlöses.

Stanko durchschaut Felix

Achtes Kapitel (144–174): Gespräch mit Hoteldirektor Stürzli; aus Felix wird Armand; Verkauf des gestohlenen Schmucks
Nur ungern verlässt Felix am nächsten Morgen den Schlafsaal, weil er Stanko zutraut, dass er ihm den Schmuck stiehlt. Bei den geschäftlichen Verhandlungen mit Stanko und der gemeinsamen Schätzung des Wertes des gestohlenen Schmucks kommen Felix die Kenntnisse zugute, die er sich beim Studium der Schaufenster der Frankfurter Juweliere erworben hat. Die beiden kalkulieren, dass Felix 10.000 Franken von dem Hehler erhalten wird, und vereinbaren, dass Stanko ein Drittel davon erhalten soll. In Stankos Augen hat Felix eine „Glückshaut" (S. 147).

Verhandlung mit Stanko

Wegen seines Aussehens und Auftretens ist das Personal freundlich und großzügig zu Felix. Felix wird zu dem dicken Hoteldirektor Stürzli geführt, den das Personal mit Spitznamen Rhinozeros nennt. Stürzli erkundigt sich nach seinem Freund Schimmelpreester, und

Das Einstellungsgespräch

3.2 Inhaltsangabe

Felix behauptet übertreibend, dass dieser als Künstler großes Ansehen genieße und Professor sei. Stürzli vermutet, dass Felix großen Erfolg bei Frauen haben müsse, und deutet damit auf eine spätere Episode des Kapitels voraus. Schließlich fragt Stürzli den zukünftigen Angestellten nach seinen Fremdsprachenkenntnissen. Felix ist in der Lage, aufgrund des Wenigen, was er an Fremdsprachen von seinem Vater, dem schweizerischen Kindermädchen oder dem Italien-Reisenden Schimmelpreester gehört hat, den Eindruck sicherer Beherrschung der Fremdsprachen zu erwecken. Er erzählt auf Französisch von seiner guten Erziehung und gibt dann eine Kostprobe in englischer Sprache mit gespitzten Lippen und dünkelhaft erhobener Nase. Schließlich spricht Felix auch Italienisch und vergisst dabei nicht, mit den Armen zu rudern. Der Direktor Stürzli ist überzeugt. Felix soll im Hotel als Liftboy beginnen. Weil Felix' Vorname einen zu anspruchsvollen Klang habe, benennt der Direktor ihn in Armand um. Von diesem Namenswechsel ist Felix begeistert. Anschließend schwärzt er seinen Kollegen, den Liftboy Eustache, bei Stürzli an.

Nachdem er seine Pagen-Uniform erhalten hat, trifft Felix im Fahrstuhl zufällig auf die etwa 40-jährige Dame, deren Schmuck er bei der Grenzkontrolle gestohlen hat. Felix sucht den Uhrmacher und Hehler Pierre Jean-Pierre auf, um ihm die Schmuckstücke zum Kauf anzubieten. Nach längeren Verhandlungen, die Felix mit viel Geschick führt, und einigem Feilschen, zuerst um den ganzen Schatz, dann um die einzelnen Stücke, erhält Felix 4400 Franken. Auch der Uhrmacher ist von Felix bezaubert.

Von seinem Gewinn stattet sich Felix in einem Kaufhaus mit einer ordentlichen Herrengarderobe aus. Er zieht sie sogleich an und geht essen. Danach amüsiert er sich mit einem Rundgemälde der Schlacht von Austerlitz, anschließend besucht er ein Panoptikum und schließlich ein Varieté.

Felix als Liftboy „Armand"

Beim Hehler Pierre Jean-Pierre

3.2   Inhaltsangabe

Bei seiner Rückkehr ins Hotel befindet sich Felix in einem Di-   Ein Dilemma
lemma: Entweder gibt er Stanko so viel Geld, wie er bei einem
optimalen Verkauf verdient hätte, um in Stankos Augen gut dazu-
stehen. Dann müsste er auf einen beträchtlichen Teil seines eigenen
Anteils verzichten. Oder Felix muss sein schlechtes Geschäft eingestehen. Da Felix im schönen Schein lebt, ist ihm seine Eitelkeit
schließlich wichtiger als die Habsucht. Felix gibt Stanko die versprochenen 3000 Franken und behauptet, 9000 Franken erhalten zu
haben. Stanko glaubt das nicht und gibt ihm deshalb 1000 Franken
zurück. 2400 Franken hat Felix also an dem Diebstahl verdient.

„Es war mir immer lieb, wenn ich nicht nur durch die Annehm-
lichkeit meines Äußeren, sondern auch durch meine geistigen
Gaben Eindruck machte." (S. 151)
„Universell von Veranlagung und alle Möglichkeiten der Welt in
mir hegend, brauchte ich eine fremde Sprache nicht eigentlich
gelernt zu haben, um, wenn mir auch nur etwas davon angeflogen
war, für kurze Zeit wenigstens, den Eindruck ihrer flüssigen Beherrschung vorzuspiegeln, und zwar unter so übertrieben echter
Nachahmung des jeweiligen nationalen Sprachgebarens, dass
es ans Possenhafte grenzte." (S. 154)

**Neuntes Kapitel (S. 175–190): Erotisches Diebeserlebnis mit der
Schriftstellerin Diane Houpflé**
Felix versieht seinen Dienst als Liftboy von morgens um 7 Uhr bis   Wiedersehen mit
um Mitternacht. Er legt Wert darauf, auch diese einfache Arbeit   Diane Houpflé
sorgfältig auszuführen. Auf die Gäste macht er seines Äußeren wegen großen Eindruck. Bei seiner Arbeit im Fahrstuhl trifft Felix erneut mit Diane Houpflé zusammen, der Dame, der er an der Grenze das Schmuckkästchen gestohlen hatte. Schon bei ihrem ersten
Gespräch macht sie Felix Komplimente und zweideutige, erotisch

3.2   Inhaltsangabe

aufgeladene Bemerkungen. Auch Felix ist von Diane Houpflé stark beeindruckt. Er begleitet sie in ihr Zimmer, wo die beiden ein Rendezvous für den Abend verabreden.

Bei dem nächtlichen Stelldichein beginnt die Autorin angeblich geistreicher, psychologischer Romane, die unter dem Namen Diane Philibert schreibt, ein erotisches Rollenspiel. Sie gesteht Felix, dass sie Knaben den Männern vorziehe, und berichtet, dass auch ihr Ehemann ein Verhältnis mit einer Schauspielerin habe. Die reiche, dekadente Schriftstellerin sucht Erniedrigung, die sie sich verschafft, indem sie sich den Liftboy Felix Krull ins Bett holt. Sie genießt die Herabsetzung, die sie durch seine niedere gesellschaftliche Stellung erfährt. „Geh mit mir um wie mit der letzten Dirne! Ich verdiene es nicht anders, und Seligkeit wird es mir sein!" (S. 187) Darüber hinaus ist die Poetin von Felix' Qualitäten als Liebhaber begeistert. Sie sieht in ihm ein Abbild Hermes', des vielgestaltigen Götterboten und listigen Gottes der Diebe. Sie selbst hält sich für gebildet und weidet sich an Felix' Unbildung. Sie ist fasziniert von Felix, weil er für sie ein Wechselbild von Gott und Knecht darstellt, weil sie in ihm Über- und Untermensch zugleich sieht, Engel und Teufel.

Felix gesteht ihr seinen Diebstahl am Zoll, was Diane ungemein freut. Die Ehefrau eines Kloschüssel-Fabrikanten schwimmt im Geld und ist vom Luxus so verwöhnt, dass ihr der Diebstahl größere Lust bereitet als der Reichtum. Im Rahmen eines erotischen Spiels muss Felix sie erneut bestehlen. Auch die Reichen haben, wie Felix Krull, von Zeit zu Zeit Lust auf eine andere Rolle: Die Herrin will auch einmal Sklavin sein. Felix nimmt auf ihr Verlangen hin ihren Schmuck und „einige bedeutend große Geldscheine" (S. 190) an sich. Das bereitet ihr sexuelles Vergnügen.

Nächtliches Stelldichein mit überraschender Wendung

Lust an der Erniedrigung

3.2 Inhaltsangabe

Drittes Buch
Erstes Kapitel (S. 191–205): Zirkus Stoudebecker in Paris

Durch das erotische Diebeserlebnis mit der kuriosen Schriftstellerin Diane Houpflé, das Felix zu Beginn des dritten Buches seiner Bekenntnisse als „ein Erlebnis fürs Leben" (S. 191) bezeichnet, verfügt Felix über ein bedeutendes Kapital. Die Gäste des Hotels versorgen ihn außerdem reichlich mit Trinkgeldern. Wie ein ordentlicher Bürger richtet er sich dafür ein Sparkonto ein. Trotz seines neu gewonnenen Reichtums behält er seine unbezahlte Stellung im Hotel: Der Hochstapler Felix Krull lebt zunächst als Tiefstapler.

Im Hotel ein Tiefstapler

Mit Stanko, dem er sich an natürlicher Vornehmheit weit überlegen fühlt, besucht Felix an einem freien Nachmittag den Zirkus Stoudebecker. Die übermenschlichen Leistungen der Artisten, ihre Nacktheit und Körperbeherrschung und das inszenierte Spiel mit dem Scheitern beeindrucken Felix tief. Dass der schwierige Sprung zunächst zwei Mal misslingt, spornt das Publikum zu besonderem Applaus an. Die Clowns nennt Felix „Mönche der Ungereimtheit" (S. 198) und meint damit das Fantastische ihrer Erscheinung. Die androgyne Trapezkünstlerin Andromache bewundert Felix für ihre Waghalsigkeit. Sie ist für ihn ein „ernster Engel der Tollkühnheit" (S. 200). Alles ist künstlich in der Arena, sogar die Löwen verhalten sich gegen ihre Natur, wenn sie durch Feuerreifen springen. Wegen dieser Künstlichkeit und der berechneten Wirkung der Illusionen auf das Publikum hält sich der Hochstapler Felix Krull für verwandt mit den Zirkusartisten. Stankos Vorschlag, gemeinsam auf Diebestour zu gehen, schlägt Felix entschieden aus. In der Folge löst sich die Beziehung der beiden jungen Männer auf.

Mit Stanko im Zirkus

„Mein heimlicher Reichtum – denn als solcher wollten meine im Traum erhaschten Rücklagen mir erscheinen – machte diese Tracht [Liftboy-Uniform], nebst dem Dienst, den ich darin ver-

3.2   Inhaltsangabe

sah, zu einer Vorspiegelung, einer bloßen Bewährung meines
‚Kostümkopfes'; ja wenn ich mich später mit verblendendem Erfolg für mehr ausgab, als ich war, so gab ich mich vorläufig für
weniger aus, und es ist noch die Frage, welchem Truge ich mehr
innere Erheiterung, mehr Freude am Verzaubert-Märchenhaften
abgewann." (S. 193)

„Nicht vom circensischen Fach, vom Salto mortale-Fach, natürlich, konnte ich mich fühlen, aber vom Fache im Allgemei-
neren, vom Fach der Wirkung, der Menschenbeglückung und
-bezauberung." (S. 203)

**Zweites Kapitel (S. 205–231): Aufstieg im Kellnerdienst; Eleanor
Twentyman und Lord Kilmarnock verlieben sich in Felix**

Im Speisesaal

So gut Felix den Fahrstuhl auch bedient: Für Angestellte wie ihn
oder die Küchenhilfe Stanko ist ein Aufstieg in der Hierarchie des
Hotel-Personals nicht vorgesehen. Dennoch tritt Felix zu Ostern in
den Kellnerdienst ein. Auf Weisung der Direktion spricht der Servicechef Machatschek mit Felix und ist schnell derart angetan von
ihm, dass er ihm statt des üblichen Anfangsgehalts von 40 Franken pro Monat gleich 50 Franken verspricht. Dennoch muss Felix
im Speisesaal in der Hierarchie ganz unten beginnen: Felix soll
zunächst die Essensreste von dem abservierten Geschirr streifen.
Nach fünf Wochen darf Felix dann in seinem neuen, auf eigene Kosten angefertigten Kellner-Frack im Saal arbeiten. Obwohl das einen
bedeutenden Karriere-Sprung darstellt, steht Felix in der geradezu militärischen Hierarchie im Speisesaal als „Hilfs-Anwärter" weit
unter den „Servierkellnern" oder gar den „unteren Oberkellnern".
Ungeachtet seiner niederen Stellung ist Felix bei den Gästen, vor
allen bei den Frauen, sofort sehr gefragt.

Verlockende
Angebote

Bald hat er den älteren Kellner Hector ausgestochen und darf
nun die Gäste beraten und bedienen. Er tut dies, „als handle es

3.2 Inhaltsangabe

sich um einen persönlichen Liebesdienst" (S. 213). Die 17- oder 18-jährige Eleanor Twentyman aus Birmingham sowie der 50-jährige schottische Lord Kilmarnock verlieben sich schnell in den jungen, hübschen und charmanten Kellner. Obwohl der Vater von Eleanor offenbar reich ist und obwohl Lord Kilmarnock Felix anbietet, ihn zu adoptieren und zum Erben seines Schlosses Nectanhall einzusetzen, schlägt Felix diese Angebote, seinen gesellschaftlichen Stand erheblich zu verbessern, als Abwege von seinem Lebensplan aus: Er will weiter in der Freiheit der Möglichkeiten leben. Dennoch weidet er sich an der Liebe und Anerkennung der beiden Mitglieder der höheren Gesellschaft und nährt ihre Zuneigung durch scheinbare Zurückhaltung und den Verweis auf angebliche gesellschaftliche Zwänge.

„Die Hauptsache war, dass ein Instinkt, seiner selbst sehr sicher, Partei nahm in mir gegen eine mir präsentierte und obendrein schlackenhafte Wirklichkeit – zugunsten des freien Traumes und Spieles, selbstgeschaffen und von eigenen Gnaden, will sagen: von Gnaden der Fantasie. Wenn ich als Knabe erwacht war mit dem Beschluss, ein achtzehnjähriger Prinz namens Karl zu sein, und an dieser reinen und reizenden Erdichtung, solange ich wollte, in Freiheit festgehalten hatte – das war das Rechte gewesen, und nicht, was dieser Mann mit der starrenden Nase mir in seiner Anteilnahme bot." (S. 229)

Absage an Lord Kilmarnock

Drittes Kapitel (S. 231–238): Bekanntschaft mit Marquis Louis de Venosta und Zaza; Felix beginnt ein höheres Doppelleben
Felix, der Hierarchien als natürliche und notwendige Bausteine gesellschaftlichen Zusammenlebens achtet, ist enttäuscht von den Gästen des Hotels: Nicht ein natürlicher Adel, sondern der Zufall des Reichtums habe viele von ihnen zu Herren gemacht. Diese Rollen

Günstlinge des Zufalls

3.2 Inhaltsangabe

Felix serviert Zaza
(Liselotte Pulver)
und dem Marquis
de Venosta in der
Verfilmung von
1957
© picture alliance

könnten ebenso gut von den vornehmen und gebildeten Kellnern
ausgefüllt werden. Den Beweis dieser These erbringt Felix durch
den späteren Rollentausch mit dem Marquis Louis de Venosta. Felix
lernt den jungen Adeligen aus Luxemburg, der in Paris Malerei studiert, bei seinem Dienst im Speisesaal kennen. Louis' Mutter stammt
aus deutschem Adel, der Reichtum der Familie gründet sich jedoch
auf Beteiligungen des Vaters an der Stahlindustrie. Oft hat Louis
de Venosta seine Freundin Zaza dabei, eine Sängerin. Zunächst
sprechen die Männer scherzhaft über die Möglichkeit eines Rollentauschs.

3.2 Inhaltsangabe

Mittlerweile hat sich Felix ein Zimmer an der Rue Boissy d'Anglas gemietet, um die vornehme Garderobe, die er sich nach und nach zugelegt hat, aufzubewahren. Diese Wohnung dient ihm zugleich als Ausgangspunkt für seine ersten Schritte in ein „höheres Leben": An seinen dienstfreien Tagen sucht er die vornehmen Restaurants und Hotels als Gast auf. Felix wird unsicher, in welcher der beiden Rollen dieses Doppellebens er eigentlich er selbst ist und welche der Rollen ihm mehr Spaß macht.

Erste Schritte in ein „höheres Leben"

„Es war der Gedanke der **Vertauschbarkeit**. Den Anzug, die Aufmachung gewechselt, hätten sehr vielfach die Bedienenden ebenso gut Herrschaft sein und hätte so mancher von denen, welche, die Zigarette im Mundwinkel, in den tiefen Korbstühlen sich rekelten – den Kellner abgeben können. Es war der reine Zufall, dass es sich umgekehrt verhielt – der Zufall des Reichtums; denn eine Aristokratie des Geldes ist eine vertauschbare Zufallsaristokratie." (S. 231)
„Verkleidet also war ich in jedem Fall, und die unmaskierte Wirklichkeit zwischen den beiden Erscheinungsformen, das Ich-selber-Sein, war nicht bestimmbar, weil tatsächlich nicht vorhanden." (S. 238)

Viertes Kapitel (S. 238–261): Planung der Rollenübernahme

Bei einem seiner Ausflüge als großer Herr begegnet Felix am Abend des 10. Juli Louis de Venosta. Der junge Marquis täuscht sich über Felix' Rolle: Er vermutet in ihm ein Kind aus gutem, bürgerlichen Haus, das das Hotelgewerbe von der Pike auf kennenlernen soll, um später eine angemessene Stellung umso besser ausfüllen zu können. Felix widerspricht ihm nicht. Der Marquis erzählt, dass ihm seine Eltern eine Weltreise verordnet hätten, damit er die wenig standesgemäße Sängerin Zaza vergesse. Felix spielt den Ver-

Gespräch mit Marquis de Venosta

3.2 Inhaltsangabe

nünftigen und stellt sich Louis gegenüber auf die Seite von dessen Eltern. Schließlich schlägt ihm Louis de Venosta, auch „Loulou" genannt, vor, an seiner Stelle auf Weltreise zu gehen, während er mit seiner Zaza in Paris bleibt.

Neben grundsätzlichen Fragen, etwa nach prinzipiellen Unterschieden zwischen Adeligen und Bürgerlichen, geht es in dem Gespräch der Männer um die praktischen Schwierigkeiten des Rollentauschs. Darauf ist Felix, z. B. durch die Rollenspiele seiner Kindheit sowie die Fälschung der Unterschrift seines Vaters, bestens vorbereitet. Schnell lernt Felix die Unterschrift des Marquis, um dessen Kreditbrief-Beträge einlösen zu können. Während sich der Marquis betrinkt, versorgt er Felix außerdem mit einigen intimen Kenntnissen über die Familie Venosta, damit Felix seinen Postkarten an die Eltern eine persönliche Note geben kann. Für seinen Lebensunterhalt in Paris überlässt Felix dem Marquis sein Vermögen von 12.000 Franken im Austausch mit dem Kreditbrief in Höhe von 20.000 Franken und den Fahrkarten.

> „Kleider machen Leute, Marquis, – oder besser wohl umgekehrt: Der Mann macht das Kleid." (S. 242)
> Louis de Venosta: „Wir sind ein und derselbe. Armand de Kroullosta ist unser Name." (S. 261)
> „(…) der Gedanke an den Ausgleich von Sein und Schein, den das Leben mir gewähren, an den Schein, den es dem Sein gebührend hinzufügen wollte, überrieselte mich mit Freude." (S. 261)

Fünftes Kapitel (S. 261–287): Beginn der Reise nach Lissabon; Bekanntschaft mit Prof. Kuckuck

Kündigung im Hotel

Das Vorhaben, mit dem Marquis die Rollen zu tauschen, erscheint Felix als die Verwirklichung seiner Kinderträume von einem Leben als Prinzen. Am 1. August, drei Wochen nachdem er die Verabre-

3.2 Inhaltsangabe

dung mit dem Marquis getroffen hat, kündigt Felix im Hotel; der Servicechef Machatschek will den beliebten Angestellten nicht gehen lassen. Am 15. August soll Felix ein Schiff, die Cap Arcona, von Lissabon nach Buenos Aires in Argentinien nehmen, wo Felix Bekannte der Eltern des Marquis besuchen soll. Vor der Abreise erhält er neben den Reisedokumenten und dem Kreditbrief noch einige Schmuckstücke von Louis, die den adeligen Stand und die Identität ihres Besitzers beweisen: eine Uhr mit Monogramm, schwere Ketten, goldene Etuis, Visitenkarten sowie eine Kopie des Siegelrings mit dem Wappen der Familie. Als Letztes weist Louis noch darauf hin, dass Felix gelegentlich eine Zeichnung an seine Eltern senden solle, weil er sich ja in der Malerei versuche. Loulous „schwindelhafte Methode" (S. 265) des Linienverwischens kann Felix leicht imitieren.

Im Zug von Paris nach Lissabon schlüpft Felix auch gedanklich und emotional in die Rolle des Marquis. Er erfindet sich Erinnerungen an seine Kindheit in dem Schloss seiner Eltern in Luxemburg und setzt diese an die Stelle seiner eigenen Kindheit.

Im Speisewagen macht Felix mit dem Naturforscher Professor Kuckuck Bekanntschaft, an dem er ehrfurchtsvoll die „Sternenaugen" (S. 269) hervorhebt. Während ihres Tischgesprächs wirbt der 57-jährige Kuckuck bei Felix für eine intensivere Beschäftigung mit der Stadt Lissabon und ihren portugiesischen Bewohnern, als dies die bloße Durchreise ermöglichen würde. Kuckuck spricht über die fremden Physiognomien der Menschen, die unterschiedlichen Völker, die im Verlauf der Geschichte dort gelebt und ihre Spuren hinterlassen hätten, sowie über die Architektur und die Sehenswürdigkeiten. Nachdem sich die beiden Männer namentlich vorgestellt haben, muss Felix eine erste Bewährungsprobe in seiner Rolle bestehen: Der deutschstämmige Professor ist vertraut mit den Familien des europäischen Adels. Doch unbeirrt nutzt Felix das

Professor
Kuckuck

3.2 Inhaltsangabe

Wissen des Professors über die Familienverhältnisse der de Venostas, um seine Kenntnisse über seine neuen Eltern zu erweitern. Der Paläontologe Kuckuck erwähnt außerdem seine eigene Tochter Suzanna, deren Kosename Zouzou eine Symbiose der Namen von Felix' Auftraggeber und dessen Freundin ist: Loulou und Zaza.

Einführung in die Evolutionstheorie

Kuckuck, der Direktor eines naturhistorischen Museums in Lissabon ist, hält dem begeisterten Felix einen längeren Vortrag über die Verwandlungen des Lebens im Verlauf der Erdzeitalter sowie über die Entstehung heutiger Lebewesen aus mittlerweile ausgestorbenen Tiere und Pflanzen. Das Leben sei im Maßstab der Erdzeitalter nur eine Episode, ein Zwischenstand der Entwicklung. Von der Evolution der Arten kommt Kuckuck über philosophische Reflexionen über Sein und Nichts zur Astronomie. Obwohl Kuckuck die Geburt des Menschen als eine der drei Urzeugungen neben die Entstehung des Seins aus dem Nichts und die Entstehung des Lebens stellt, spart er nicht mit Spott über das angeblich höchste Lebewesen: Der von Felix bewunderte „vollschlanke Frauenarm" gehe evolutionär auf den „Krallenflügel des Urvogels und die Brustflosse des Fisches" (S. 280) zurück. In Kuckucks Menschenbild steht der Mensch zwar über allen anderen Lebewesen, er bewahre aber seine Herkunft aus dem Tierischen. Der Unterschied zwischen Tier und Mensch bestehe in dem Wissen um Anfang und Ende. Deshalb sei das Vergängliche so anziehend für den Menschen und lade ihn zur „Allsympathie" ein.

Sechstes Kapitel (S. 288–310): Ankunft in Lissabon; Bekanntschaft mit Maria Pia und Zouzou Kuckuck

Felix träumt

Das Gespräch mit Prof. Kuckuck begleitet Felix noch in seinen Träumen. Die Traumbilder, in denen Kuckucks Tochter Zouzou und Louis' Freundin Zaza zu einer Figur verschmelzen, sind ein Resümee von Kuckucks Vortrag. Am Morgen trifft Felix in Lissabon

3.2 Inhaltsangabe

ein und wird in seinem Hotel Savoy Palace an der prächtigen Avenida da Liberdade standesgemäß empfangen. Felix freut sich wie ein Kind, dass er nun nicht wie zuvor in Paris Angestellter, sondern Gast in dem vornehmen Hotel ist. Seine Suite strotzt vor Luxus.

Felix will Kuckuck in seinem Museum besuchen, um Kuckucks Tochter Zouzou kennenzulernen. Zuvor geht er zu einer Bank, wo er problemlos Louis' Unterschrift zur Einlösung eines Teils des Kreditbriefes fälscht. Danach schreibt er an Louis' Eltern und besucht, seine neue Rolle wahrscheinlich besser ausfüllend, als Louis dies getan hätte, die luxemburgische Gesandtschaft. In einem Café begegnet Felix der ihm noch unbekannten Familie von Professor Kuckuck: Die portugiesische Ehefrau Kuckucks Maria Pia und die Tochter Zouzou empfindet Felix sogleich als eine „liebliche Zweiheit", die ihn an das Geschwisterpaar in Frankfurt erinnert (vgl. S. 87). Die 18-jährige, schwarzäugige Zouzou kommt ihm wie eine Doppelgängerin Zazas vor. Begleitet werden die Damen von dem Assistenten des Professors, Miguel Hurtado, der für das Präparieren der Ausstellungsstücke des Museums zuständig ist. Felix spricht die Gruppe unter dem Vorwand an, den Weg zum Hause des Professors Kuckuck erfahren zu wollen. Suzanna Kuckuck schlägt Felix gegenüber sofort einen schnippischen, koketten Ton an. Die Mutter will ihr den Mund verbieten, worauf Zouzou selbstbewusst antwortet, dass Schweigen nicht gesund sei.

> „Und doch war es gerade diese Stachligkeit, die mir Hoffnung machte, eines Tages – so knapp mir die Tage waren – diese reizend geschürzten Lippen küssen zu können." (S. 308)

Nachdem man sich bekannt gemacht hat, versucht sich Felix dadurch einen klugen und gebildeten Anstrich zu geben, dass er mit Begriffen und Gedanken spielt, die er am Abend zuvor bei Professor

Glücklicher Zufall im Café

Blendung durch Imitation

3.2   Inhaltsangabe

Kuckuck gelernt hat. Er blendet durch Imitation. Von Hurtado wird Felix für den nächsten Vormittag zu einem Besuch des Museums eingeladen, Madame Kuckuck schließt eine Einladung zum Mittagessen in ihrem Haus an. Als Zouzou sich ihm gegenüber etwas milder zeigt, spricht Felix sie versehentlich mit Zaza an.

Siebentes Kapitel (S. 310–320): Besichtigung von Kuckucks Naturkundemuseum

Bekenntnis zur „Allsympathie"

In Kuckucks „Museu Sciêndcias Naturaes" wird Felix von dem Präparator Hurtado empfangen. Die Worte des Professors Kuckuck nachplappernd, bekennt sich Felix zur „Allsympathie" und meint damit die Liebe zu den mitunter skurrilen und urtümlichen Formen der Natur. Felix freut sich über die Auszeichnung, dass ihm der Professor das Museum zeigt, sodass er nicht, wie die anderen Besucher, auf die schriftlichen Erklärungen der Objekte angewiesen ist. Felix sinniert über die unterschiedlichen Formen des Lebens, das sich gemäß Kuckucks Erklärungen nach den evolutionären Prinzipien Anpassung und Selektion entwickelt habe. Felix' Selbstbezogenheit und -verliebtheit zeigt sich besonders deutlich, als er dem Leser gegenüber erklärt, dass er sich selbst als das Ziel der gesamten Evolution ansieht.

„Krone der Schöpfung"

Der Mensch, die „Krone der Schöpfung", ist im Museum ironischerweise im Keller untergebracht. Für Felix ist die dargestellte Gattungsgeschichte, die kulturelle Entwicklung des Menschen, ein Sinnbild seiner persönlichen Vergangenheit: So wie die Vorgeschichte die Gattung, so präge die Kindheit das Individuum. Die klugen Überlegungen Kuckucks bilden das intellektuelle Rüstzeug, aufgrund dessen sich Felix sicher fühlen kann, beim Essen mit Mutter und Tochter Kuckuck einen gebildeten Eindruck zu machen.

3.2 Inhaltsangabe

„Was mir dabei bewegend im Sinn lag, war der Gedanke, dass
dies alles erste Ansätze, in keinem noch so absurden Fall einer
gewissen Eigenwürde und Selbstzweckhaftigkeit entbehrende
Vorversuche in der Richtung auf mich, will sagen: den Menschen
waren (...)" (S. 313)
„Verstärkt kehrt immer im Leben das Anfängliche wieder (...)"
(S. 317)

Achtes Kapitel (S. 320–334): Essen bei Kuckuck; Flirt mit Zouzou; botanischer Garten

Vom stolzen Auftreten der Hausherrin, das Felix besonders vor
dem Hintergrund der bloß bürgerlichen Einrichtung des Hauses
Kuckuck imponiert, ist Felix bei seinem Besuch zum Mittagessen
geradezu überwältigt. Zugleich beschließt Felix, dass „diese Zouzou die Zaza des auf Reisen befindlichen Loulou Venosta sei oder
werden müsse" (S. 323). Eigentlich sind es aber Mutter und Tochter zusammen, die für ihn – wie seinerzeit das Geschwisterpaar in
Frankfurt – das „reizendste Doppelbild" (S. 320) darstellen: „Dabei küsste ich der Senhora die Hand, die Augen dabei auf Zouzou
gerichtet." (S. 324) Zouzou beantwortet Felix' Schmeicheleien und
Höflichkeiten erneut mit spöttischer Gleichgültigkeit oder spitzen
Bemerkungen, die Felix wiederum geschickt als Vorlage für seine
Annäherungsversuche an Mutter und Tochter nutzt.

Reizendes Doppelbild von Mutter und Tochter

Bei einem gemeinsamen Spaziergang verwickelt Felix Zouzou in
ein Gespräch über die Liebe und ihren Zauber. Er behauptet, Zouzou gezeichnet zu haben, und Zouzou besteht auf der Herausgabe
der Zeichnungen. Tatsächlich hat Felix lediglich Aktzeichnungen
von Zaza aus der Hand des echten Marquis mit Zouzous charak-
teristischen Schläfenfransen versehen. Um den Kontakt zu Zouzou
aufrechtzuerhalten, hält Felix die Zeichnungen zurück.

Felix' angebliche Zeichnungen

3.2 Inhaltsangabe

Felix erzählt, dass er vermittels des luxemburgischen Gesandten Hüon eine Audienz beim König erreichen wolle. Zouzou durchschaut, dass es bei Felix' angeblichem Bedürfnis nach Unterordnung und schöner Form eigentlich nur darum geht, mit seinen Beziehungen Eindruck zu machen. Im Anschluss umschmeichelt Felix die Mutter, indem er ihre Reife lobt. Am Ende verabredet Felix mit Zouzou ein Tennisspiel.

> „Mir war, als müsse ich meine Eltern in Luxemburg um die zur Ablenkung vorgeschriebene Weltreise betrügen, Professor Kuckucks reizende Tochter freien und als ihr Gatte in Lissabon bleiben, – da mir doch nur allzu klar und schmerzlich bewusst war, dass das zart Schwebende meiner Existenz, ihr heikles Doppelgängertum mir gänzlich verbot, es solcherart mit der Wirklichkeit aufzunehmen." (S. 323)

Neuntes Kapitel (S. 334–364): Brief an die Eltern de Venosta; Herrenabend beim Gesandten Hüon; Tennisspiel mit Zouzou; Empfang beim spanischen König; Antwort der Mutter

Verlängerter Aufenthalt in Lissabon

In einem Brief vom 25. 8. 1895 erzählt Felix seinen „Eltern" von seinen Besuchen bei Professor Kuckuck, bei dem Gesandten Hüon und schließlich von einem Empfang beim portugiesischen König. Fein dosiert streut Felix seine dürftigen Kenntnisse über die Familie de Venosta in den Brief ein. An diesem Brief an die Eltern de Venosta, so berichtet Felix seinen Lesern, habe er mehrere Tage geschrieben. Er beteuert dem Leser gegenüber außerdem die Wahrhaftigkeit seiner Erzählung. Über alle Maßen preist Felix seinen „Eltern" gegenüber das Bildungserlebnis, das er durch Professor Kuckuck erhalten habe. Sein Interesse für die Damen des Hauses verschweigt er. Neben seiner Begeisterung für die Evolution habe ihn die Aussicht auf eine Audienz beim König dazu veranlasst, seinen Aufenthalt in Lissabon

3.2 Inhaltsangabe

zu verlängern. Im Rahmen einer Abendgesellschaft im Hause des luxemburgischen Gesandten Hüon habe er im Kreis von Adeligen und Industriellen eine hervorragende Figur gemacht. Am Ende der fröhlichen Feier habe Hüon ihm die Audienz vorgeschlagen. Felix betont den Eltern de Venosta gegenüber, dass es seine familiäre Herkunft und Erziehung sei, die ihn für solcherart Ereignisse qualifiziere. Damit will er den Eltern schmeicheln. Zugleich zeigt Felix dem Leser, dass es eben auch der Sohn eines bankrotten Sektpanschers mit den hohen Herren aufnehmen kann.

Vom König wird Felix sogleich als ein „Adonis" (S. 343) bezeichnet, als Gott der Schönheit. Felix lobt dem König gegenüber die Stadt Lissabon und lässt scheinbar beiläufig einfließen, dass er in Paris Malerei studiert habe, weil er von Hüon weiß, dass der König selber malt. Im Brief gibt Felix zu, dass er bei der Audienz auch Sehenswürdigkeiten der Stadt Lissabon gelobt habe, die er noch gar nicht gesehen hatte. Er gibt den Eltern de Venosta gegenüber zu, in dieser Beziehung ein Hochstapler zu sein. Felix' Gefälligkeit und Schmeichelei ist es zu verdanken, dass der König die Audienz ausdehnt. Felix zeigt seine aristokratische Gesinnung und kritisiert die republikanischen Demagogen, die den Gedanken von der gesellschaftlichen Gleichheit im Volk verbreiteten. Nach dieser ernsten Thematik erzählt Felix eine erfundene heitere Anekdote um Minime, den Hund der Marquise de Venosta, und bringt den verzagten König herzlich zum Lachen. Als Dank erhält Felix alias Louis de Venosta den portugiesischen Orden vom Roten Löwen zweiter Klasse.

Neben der Wiedergabe seines Briefes berichtet Felix in dem Kapitel von einem Tennismatch mit Zouzou. Das Spiel beherrscht Felix nicht, dafür sorgt sein Übermut für Heiterkeit. Die ungewohnte Sportkleidung und die Anwesenheit von Zouzou beflügeln ihn, sodass nur Zouzou ahnt, dass Felix nie zuvor Tennis gespielt hat.

Adonis

Felix als Gott der Schönheit

Ein Tennisneuling überrascht

3.2   Inhaltsangabe

Hartnäckig fordert sie nach dem Spiel die Herausgabe der Zeichnungen, die Felix angeblich von ihr angefertigt hat. Offen wirft sie ihm vor, dass er ihr sehr schlicht den Hof mache. Felix vermutet, dass sie lediglich auf ihre Mutter eifersüchtig ist, und freut sich darüber.

Antwort einer zufriedenen Mutter

Schließlich gibt Felix den Brief wieder, den er von der Marquise de Venosta als Antwort auf seinen Brief im Namen Loulous erhalten hat. Die Mutter lobt seine Ausdrucksweise und nimmt diese als Beweis ihrer guten Erziehung. Zugleich nennt sie die Teile von Felix' Bericht, die sein elegantes Gespräch mit dem König betreffen, eine „briefstellerische Fiktion" (S. 361). Über seine aristokratischen Überzeugungen freut sie sich. Sie erzählt von einem Brief der Frau von Hüon, der Felix' Angaben über seine gesellschaftlichen Erfolge insgesamt bestätigt. Dass Felix ihrem Sohn Loulou wesensmäßig so wenig gleicht und dass er außerdem Details aus dem Familienleben erfunden hat, übersieht die Mutter gerne, weil sie das Verhalten ihres Sohnes durch den Erfolg gerechtfertigt sieht. Die Marquise freut sich, dass ihr Sohn gut ankommt und zugleich Gesprächsstoff für gesellschaftliche Anlässe sammelt. Sie schließt ihren Brief mit der Versicherung, dass Felix wegen der Verlängerung seines Aufenthaltes weitere Gelder von seinen Eltern erhalten könne.

Felix gegenüber dem portugiesischen König

„Sie nennen sich die Männer des Volkes, obgleich ihre einzige Beziehung zum Volke darin besteht, dass sie dessen gesunde Instinkte zersetzen und es, zu seinem Unglück, seines natürlichen Glaubens an die Notwendigkeit einer wohlgestuften Gesellschaftsordnung berauben. Wodurch? Indem sie ihm die ganz und gar widernatürliche und dadurch auch volksfremde Idee der Gleichheit einimpfen und es durch ein plattes Rednertum zu dem Wahn verführen, es sei notwendig oder auch nur im Gerings-

3.2   Inhaltsangabe

ten wünschenswert – von der Möglichkeit ganz zu schweigen –,
die Unterschiede der Geburt, des Geblütes, die Unterschiede von
Reich und Arm, Vornehm und Gering einzuebnen, – Unterschiede, zu deren ewiger Erhaltung die Natur sich mit der Schönheit
verbindet." (S. 348 f.)
„Der Mensch kommt mit aristokratischen Sinnen zur Welt. Das
ist, so jung ich bin, meine Erfahrung." (S. 349)
„Wo bliebe auch die Gelegenheit zur Wohltätigkeit und zum guten Werke christlichen Sinnes, wenn es nicht Armut und Elend
gäbe?" (S. 361)

> Marquise de
> Venosta in ihrem
> Brief

Zehntes Kapitel (S. 364–382): Felix spricht mit Zouzou über die Liebe; sie lädt ihn zu einem Tête-à-Tête ein

Nach der Audienz beim König ist Felix ein gefragter Gast der vornehmen Gesellschaft. Er mietet sich eine Kutsche, die ihm mit den
geschmückten Pferden und dem Kutscher ein herrschaftliches Aussehen gibt. Öfter lädt Felix Maria Pia und Zouzou Kuckuck sowie
den Museumsmitarbeiter Dom Miguel Hurtado zu Spazierfahrten
ein. Das Tennisspiel mit Zouzou sowie das folgende gemeinsame
Frühstück werden zu festen Bestandteilen von Felix' Tagesablauf.
Planmäßig versucht er, Zouzou zu erobern, indem er ihr beispielsweise exklusiv von seinen Gesellschaften erzählt. Zugleich umschmeichelt er aber auch weiter die Mutter Maria Pia.

> Eine Kutsche
> zeitigt Wirkung

Felix und Zouzou sprechen über die Liebe. Zouzou zeigt sich
nüchtern, stolz und abweisend und bezeichnet insbesondere das
Küssen als unappetitlich. Felix versucht hingegen, das Küssen mit
poetischen Bildern zu etwas besonders Reinem und Unschuldigem
zu erklären. Zouzou durchschaut sein Gerede als Annäherungsver-
such, was sie jedoch nicht davor bewahrt, ihm auf den Leim zu
gehen. Felix redet weiter über Schein und Schönheit. Nach einer
langen Rede über die ursprüngliche Getrenntheit aller Menschen

> Unappetitliches
> Küssen?

3.2   Inhaltsangabe

und ihre Vereinigung in der Liebe bis zum völligen Einswerden gibt
Zouzou Felix die Hand. Sie lädt ihn zu einem heimlichen Stelldichein im Garten der Familie Kuckuck ein. Als Vorwand dient erneut
die Übergabe der Zeichnungen, die Felix angeblich von Zouzou
angefertigt hat.

> „(…) wo bliebe das Leben und jegliche Freude, ohne die ja kein
> Leben ist, wenn der Schein nichts mehr gälte und die Sinnen-
> weide der Oberfläche?" (S. 371 f.)

Elftes Kapitel (S. 382–399): Stierkampf; Kuss mit Zouzou; mehr als ein Kuss mit der Mutter

Inszenierung von
Schönheit und
Brutalität

Ende September besucht Felix auf Einladung des Professors mit
den Kuckucks und Hurtado einen Stierkampf. Felix zögert zunächst,
weil er sich dem Anblick des Tötens nicht gewachsen fühlt. Professor Kuckuck verspricht jedoch ein Bildungserlebnis. Felix beschreibt detailliert die festliche Kleidung der Damen Kuckuck sowie
Publikum und Ablauf der volkstümlichen Corrida. Die zirkusartige
Inszenierung von Schönheit und Brutalität faszinieren ihn. Professor Kuckuck erklärt die kultischen und religiösen Hintergründe des
Spiels.

Liebesglück
bei Tochter *und*
Mutter

Nach einem erneuten Frühstück im Hause Kuckuck kurz vor
seiner bevorstehenden Abreise nach Buenos Aires verlässt Felix
zum Schein das Haus und kehrt sogleich wieder zurück, um sich
heimlich mit Zouzou zu treffen. Felix zeigt ihr die Aktzeichnungen
von Zaza, die er mit Zouzous Schläfenfransen versehen hat. Zouzou
zerreißt die Bilder und wirft sich bebend an Felix' Brust. Als die
beiden sich leidenschaftlich küssen, steht plötzlich die Mutter Maria
Pia vor Zouzou und Felix. Senhora Kuckuck schickt ihre Tochter auf
ihr Zimmer und nimmt Felix mit zu sich. Nach einer kurzen Schelte,
in der sie ihm auch mitteilt, dass die Tochter die Gattin Hurtados

3.2   Inhaltsangabe

werden soll, fallen sich Maria Pia und Felix leidenschaftlich in die Arme.

> „Schreiben ist kein Selbstgespräch. Folge, Besonnenheit und ein unüberstürztes Heranführen an den Gegenstand sind dabei unerlässlich." (S. 383)

3.3 Aufbau

ZUSAMMEN-
FASSUNG

→ Der etwa 40-jährige Hochstapler erzählt im Rückblick die
Erlebnisse seiner Jugend in Form eines Bekenntnisses, also in der Ich-Form.

→ Felix Krull tritt in der doppelten Funktion eines erleben-
den Ichs als Träger der Handlung und als erzählendes,
älteres Ich, als reflektierender, gereifter Autor auf.

Erzählsituation

Ich-Erzähler

Dem literarischen Genre des Bekenntnisses entsprechend wird der
Roman von dem Ich-Erzähler Felix Krull dargeboten. In der Rah-
menerzählung schreibt der etwa 40-jährige Hochstapler die Erlebnisse seiner Jugend auf, die hauptsächlich etwa 20 Jahre zurück-
liegen. Wie in jeder Ich-Erzählung hat Felix Krull in dem Roman
zwei Rollen: Er ist erlebendes Ich, also das handelnde Subjekt der
erzählten Ereignisse, und zugleich ist er der Erzähler dieser Ereignisse. Er steht sowohl innerhalb als auch außerhalb der erzählten
Welt. Beides, die erzählte Welt sowie die Figur des Erzählers, sind
Schöpfungen des Autors Thomas Mann.

Direkte
Ansprache
des Lesers

Mit der Ich-Form hängt auch zusammen, dass der Erzähler Krull
den Leser häufig direkt anspricht: als unbekannten (S. 52), dann als
ernsthaften (S. 123), besorgten, feinfühlenden (S. 288), mitfühlen-
den (S. 262) sowie urteilenden Leser (S. 102). Mit diesen Schmeicheleien will sich der Bekenner sein Publikum gewogen machen. Gelegentlich macht der implizite Leser dem Erzähler auch Einwände:
„Schwärmer und Gaffer! höre ich den Leser mir zurufen. Wo bleiben
deine Abenteuer?" (S. 87) Krull zeigt hier an, dass er dem Publikum
gefallen möchte, dass er dessen Bedürfnisse erahnt, um sie mit sei-

3.3   Aufbau

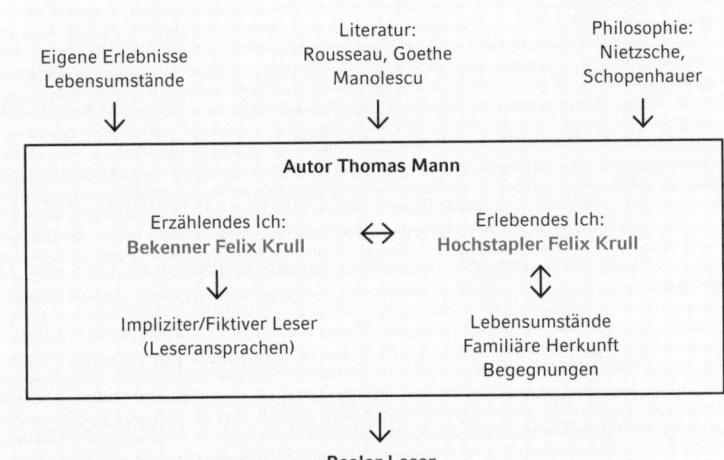

Eigene Erlebnisse
Lebensumstände

↓

Literatur:
Rousseau, Goethe
Manolescu

↓

Philosophie:
Nietzsche,
Schopenhauer

↓

Autor Thomas Mann

Erzählendes Ich:
Bekenner Felix Krull

↔

Erlebendes Ich:
Hochstapler Felix Krull

↓   ↕

Impliziter/Fiktiver Leser
(Leseransprachen)

Lebensumstände
Familiäre Herkunft
Begegnungen

↓

Realer Leser

ner Erzählung zu befriedigen. Indem der Bekenner einen gedach-
ten, fiktiven Lesers anspricht, gibt er seinem geschriebenen Ge-
ständnis außerdem den **Anschein einer nicht-literarischen Kom-
munikation** wie zwischen zwei realen Menschen. Krull erschafft
eine mündliche Gesprächssituation, als säßen Erzähler und Zuhörer
gemeinsam in einem Raum. Der Leser wird in die Geschichte einbe-
zogen, als könnte er sich jederzeit mit Fragen und Einsprüchen an
den Erzähler wenden. Und es geht noch weiter: „So tat ich – und bin
überrascht, wie treffend der Leser meine dem schönen Leben ab-
gestohlenen Schaugenüsse wiederzugeben weiß, gerade als hätte
er selbst seine Nase an den erwähnten Scheiben plattgedrückt."
(S. 87) Felix Krull gibt vor zu wissen, was seine Leser denken. Der
fiktive Erzähler erschafft seinerseits einen fiktiven Leser, dem er
selbstständiges Leben verleiht.

3.3 Aufbau

Gliederung

Drittes Buch

Der Roman ist in Teile, Bücher und Kapitel zunehmenden Umfangs gegliedert. Im ersten Buch erzählt Felix seine Kindheit und Jugend im beschaulichen Rheingau. Dieser Abschnitt enthält **zahlreiche Episoden und Begebenheiten**, die Felix' frühe Begabung für das Rollenspiel vorführen, und endet mit dem Selbstmord des Vaters. Im zweiten Buch berichtet Felix, wie er über Frankfurt nach Paris kommt. **Großstadterfahrungen** – der Kontrast zwischen luxuriösen Schaufenstern und dem zwielichtigen Treiben der Huren und Zuhälter, zwischen Armut und Reichtum – prägen diesen Abschnitt des Romans. Das **Liebeserlebnis** mit Diane Houpflé, deren Juwelen das Startkapital für Felix' gesellschaftlichen Aufstieg bilden, beendet das zweite Buch. Das dritte Buch schließlich handelt von **Felix' Karriere als Kellner** und vor allem von seinem **Rollentausch** mit dem Marquis de Venosta, in dessen Namen er nach Lissabon reist. Zu den Episoden und Anekdoten der ersten beiden Bücher treten nun auch **ausführliche philosophische Reflexionen**, vor allem als Wiedergaben von Vorträgen des Naturforschers Professor Kuckuck über den Wandel der Formen des Lebens.

Episodenhaftigkeit

Als Fragment kann der Roman grundsätzlich keine geschlossene Form haben. Darüber hinaus ist er aber auch strukturell nicht auf ein bestimmtes Ende hin komponiert, etwa ein glückliches Leben oder die Katastrophe. Thomas Mann hätte den Roman im Grunde mit immer neuen Episoden immer weiterschreiben können. Aus jedem Gefängnis hätte der Autor seinen Helden glaubwürdig durch dessen Einfallsreichtum sich selbst befreien lassen können. Diese Episodenhaftigkeit ist durch die Erzählsituation gerechtfertigt: In der Rolle des Erzählers behauptet Krull anfänglich, er habe sich nur von seinen eigenen Erlebnissen leiten lassen und wolle gar nicht mit den Schriftstellern wetteifern. Ungeachtet dieser Versicherung wird Felix' Bemühen um die literarische Form und die

3.3 Aufbau

Erzeugung von Spannung in zahlreichen Vorausdeutungen („meiner ersten Verhaftung", S. 64; „Ich habe den herrlichen Mann nur noch einmal wiedergesehen.", S. 77), Verzögerungen und Überraschungen sichtbar, bis er zugibt, dass er seinen Lebensbericht den Lesegewohnheiten des Publikums angepasst habe (S. 63).

Chronologie oder Teleologie?

Felix Krull verpflichtet sich zur „Wahrhaftigkeit" (S. 8). Deshalb will er sich als Geschichtsschreiber inszenieren und nicht als Dichter dastehen. Er beteuert wiederholt, dass er sich bei der Niederschrift an die Chronologie der Ereignisse halten wolle, und nennt seine Geschichte eine „Chronik" (S. 64). Diesem frühen und traditionsreichen **Genre der Historiographie** ist jede Form der Teleologie – der Aufdeckung kausaler, innerer, tieferer Zusammenhänge der erzählten Ereignisse – dem Anspruch nach fremd. Chroniken können daher den Eindruck unverfälschter, wahrhaftiger Beschreibung des Vergangenen erwecken. Vordergründig ist also Chronologie und nicht Teleologie das Konstruktionsprinzip von Felix' Bekenntnis. Einzelne Verstöße gegen die Reihenfolge der Ereignisse kreidet sich Felix zunächst selber als Lapsus an: „Aber ich verfalle in meinen alten Fehler des Voraneilens." (S. 13) Diese kleinen Geständnisse sollen verdecken, dass sein Bekenntnis tatsächlich das vergangene Leben in einen Weg zum Ziel umschreibt.

 Durch seinen episodischen, additiven Aufbau haben die *Bekenntnisse* eine Nähe zur Gattung des Schelmen- oder Pikaro-Romans (siehe Kapitel 3.7 Die *Bekenntnisse* als Parodie, S. 88 ff.). Gleichwohl darf nicht übersehen werden, wie die Teile des Romans miteinander verknüpft sind: Frühere Episoden sind die Bedingungen für spätere. Dass Felix die Unterschrift seines Vaters fälscht, um die Schule schwänzen zu können, erklärt später, warum es ihm so leichtfällt, mit dem Namen Louis de Venostas die Kreditbriefe zu unterschrei-

Ein Historiker seiner selbst?

Nähe zum Schelmenroman

3.3 Aufbau

ben. Der kindliche Diebstahl im Feinkostgeschäft macht plausibel, warum Felix so wenig Hemmungen hat, am Zoll die Schmuckschatulle von Diane Houpflé einzustecken. Dass Felix kostümiert seinem Paten Modell steht, zeigt die Wandlungsfähigkeit seines Charakters und beglaubigt später, dass Felix ohne weiteres überzeugend den Marquis spielen kann.

3.4 Personenkonstellation und Charakteristiken

ZUSAMMEN-FASSUNG

→ Die Figuren des Romans stammen vor allem aus der gehobenen Gesellschaft: Es sind reiche Bürger und Adelige. Ihnen werden einige gesellschaftliche Außenseiter gegenübergestellt: Huren, Schauspieler, Zirkusartisten.

→ Für Felix ergibt sich aus seinen Rollenspielen, dass gesellschaftliche Hierarchien auf dem Zufall der Geburt basieren. Kleidung und Auftreten sind die äußeren Merkmale der (Geld-)Aristokratie seiner Zeit. Ihrem Wesen nach sind die Menschen aber gleich.

Eine Zusammenstellung der Romanfiguren bietet auch das Lexikon der Romanfiguren von Thomas Mann von Dr. Eva Dorothea Becker: http://literaturlexikon.uni-saarland.de/index.php?id=2 (Stand: 31.12.2020)

+ Sonntagskind

Felix Krull

Der Name Felix bedeutet „der Glückliche", und dieser Name ist das Omen seines Lebens. Felix Krull wird in der ersten Hälfte der 1870er Jahre als Sohn eines Sektfabrikanten im Rheingau geboren. Eine Lust am Schein und an Verkleidungen begleitet seine Kindheit und Jugend. Seine Erscheinung ist angenehm, Männer und Frauen verfallen dem schönen jungen Mann mit den blauen Augen, dem blonden Haar und der goldbraunen Haut. Früh wendet sich der Junge von allem Normalen, Durchschnittlichen ab und strebt nach dem Höheren, weil er von seiner höheren Natur überzeugt ist. Er will einen angemessenen gesellschaftlichen Stand erreichen, der ihm wegen seiner familiären Herkunft im spätaristokratischen

Der „Glückliche"

Rollenspiele

wird geliebt

3.4 Personenkonstellation und Charakteristiken

Macht Krank wegen Schule

Europa am Ende des 19. Jahrhunderts verwehrt ist. Angestachelt durch seinen Paten, den Künstler Schimmelpreester , übt sich Felix im Rollenspiel. Durch Übung und Nachahmung bildet er sich zum Täuschungskünstler aus.

Felix strebt schon früh nach Höherem

Ein Jahr vor dem Abitur verlässt er die Schule. Der Selbstmord des Vaters führt die Familie 1894 nach Frankfurt. Nachdem er sich im Mai durch Täuschung seiner militärischen Dienstpflicht entzogen hat, bricht Felix im Herbst 1894 nach Paris auf. Im Hotel Saint James and Albany arbeitet er ein halbes Jahr unentgeltlich als Liftboy. Zu Ostern 1895 wird er Kellner. Am 10. 7. 1895 verabredet er mit dem Marquis Louis de Venosta einen Rollentausch. Zum 1. 8. 1895 kündigt er im Hotel, den folgenden Sommer verbringt Felix in Lissabon. Neben Felix Krull werden alle anderen Figuren des Romans zu Statisten. Sie dienen allein seinem Vorwärtskommen. Zum Zeitpunkt der Niederschrift seines Bekenntnisses ist Felix 40 Jahre alt.

Anfänge als Hchst.

Figuren um Felix

Vater Engelbert Krull

Lebemann

Felix' Vater ist ein Lebemann mit einer Vorliebe für Abendgesellschaften, Frauen und Alkohol. Er legt in allem mehr Gewicht auf die Erscheinung als auf das Wesen. Die Oberflächlichkeit seines Vaters illustriert Felix mit dessen Hang zu französischen Redewendungen. Engelbert Krull produziert einen ungenießbaren Schaumwein. Sogar er selbst kann das Gesöff nur mit Sodawasser verdünnt trinken. Dieses Giftgemisch versieht er mit einem hübschen und edel wirkenden Etikett nach einem Entwurf von Felix' Paten Schimmelpreester und verkauft es unter dem klangvollen Namen „Lorley extra cuvée". Wie die Namenspatronin bringt auch dieser Fusel Verderben. Obwohl sich Engelbert Krull die Maxime eines Betrügers zurechtgelegt hat – „ich gebe dem Publikum, woran es glaubt" (S. 10) –, scheitert er ökonomisch und nimmt sich das Leben. Der Tod des

täuscht Künter

3.4 Personenkonstellation und Charakteristiken

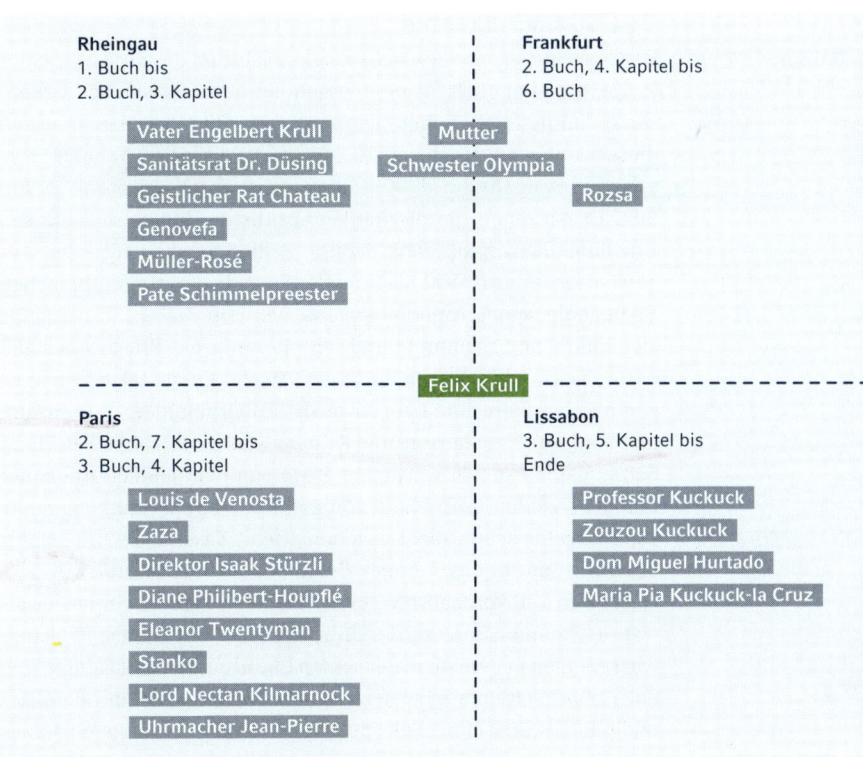

Rheingau
1. Buch bis
2. Buch, 3. Kapitel

Frankfurt
2. Buch, 4. Kapitel bis
6. Buch

Vater Engelbert Krull

Sanitätsrat Dr. Düsing

Geistlicher Rat Chateau

Genovefa

Müller-Rosé

Pate Schimmelpreester

Mutter

Schwester Olympia

Rozsa

Felix Krull

Paris
2. Buch, 7. Kapitel bis
3. Buch, 4. Kapitel

Lissabon
3. Buch, 5. Kapitel bis
Ende

Louis de Venosta

Zaza

Direktor Isaak Stürzli

Diane Philibert-Houpflé

Eleanor Twentyman

Stanko

Lord Nectan Kilmarnock

Uhrmacher Jean-Pierre

Professor Kuckuck

Zouzou Kuckuck

Dom Miguel Hurtado

Maria Pia Kuckuck-la Cruz

Vaters bildet den äußeren Anstoß dafür, dass Felix in die Welt zieht. Vom Vater hat Felix die Vorliebe für das bequeme Leben und das Spiel mit Schein und Sein geerbt. Felix' Leben beweist, dass Betrug anders funktioniert, als sein Vater glaubte: Zwar will die Welt betrogen werden. Erfolgreich ist ein Betrüger aber nur, wenn seine Täuschung auf einem wahren Kern beruht.

Vater nicht erfolgreich

3.4 Personenkonstellation und Charakteristiken

Pate Schimmelpreester

Karikatur
eines Paten

→ Vorbild

Der Namenspatron Felix Schimmelpreester ist die Karikatur eines Paten, der eigentlich für eine Erziehung nach christlichen Grundsätzen bürgen soll. Schimmelpreester ist entgegen den Zwecken dieses Amtes ein Hochstapler, der sich „Professor" nennen lässt, ohne ein Anrecht auf diesen akademische Titel erworben zu haben. Er hat einen gesellschaftlichen Absturz hinter sich, dessen Umstände Felix Krull nicht erzählt. Seine „hypochondrische" Lebensanschauung drückt Schimmelpreester in einer eigentümlichen Etymologie seines Familiennamens aus: „Die Natur (...) ist nichts als Fäulnis und Schimmel und ich bin zu ihrem Priester bestellt, darum heiße ich Schimmelpreester." (S. 24) Er ist Maler, und auch von ihm hat Felix eine Lebensweisheit übernommen: den Zusammenhang von Künstlertum und Kriminalität. Der Erzähler Felix lässt Schimmelpreester in wörtlicher Rede von dem antiken Bildhauer Phidias erzählen, „ein Mann von mehr als durchschnittsmäßigem Talent, wofür schon die Tatsache spricht, dass er des Diebstahls überführt und in das Athener Gefängnis gesteckt wurde" (S. 25). Nach dem Tod von Felix' Vater erweist sich Schimmelpreester als wahrer Freund: Für jedes der drei Mitglieder der Familie Krull entwirft er einen Lebensplan, der seinen Bedürfnissen und Fähigkeiten entspricht. Schimmelpreesters frühere Freundschaft mit dem Hoteldirektor Stürzli ebnet Felix den Weg in das Pariser Hotel St. James and Albany.

Mutter

In seinem familiären Umfeld ist es allein Felix' Mutter, die nicht mit Schein und Täuschung assoziiert wird. Dafür ist sie eine Frau mit „wenig hervorragenden Geistesgaben" (S. 18). Das Zeichen jedoch, unter dem ihr Mann bankrottgeht, wird zum Namen ihres Erfolgs:

3.4 Personenkonstellation und Charakteristiken

Nach dem Tod ihres Mannes eröffnet sie eine Pension Loreley in Frankfurt.

Marquis Louis de Venosta

Louis de Venosta ist das Klischee eines Bohemien, denn eigentlich ist er kein Künstler, sondern bloß ein Faulpelz. Der junge Adlige hat sich in eine Schauspielerin verliebt, Zaza, wovon seine Eltern wegen ihres Standesdünkels nichts halten. Sie bestrafen ihren Sohn mit einer Bildungsreise um die Welt, die ihm die Grillen austreiben soll. Krull und Venosta beschließen einen Rollentausch, mit dem beide ihre mittelfristigen Ziele erreichen: Louis kann bei seiner Geliebten in Paris bleiben, und Felix kann als großer Herr auf Reisen gehen.

Klischee eines Bohemien

Rollentausch

Die Figur des Louis de Venosta ist ein Gegenentwurf zu Felix Krull, denn der naive Marquis glaubt an seine eigene Authentizität. Er sagt: „Könnten Sie wünschen, ein anderer Mensch zu werden, ein anderer, als der Sie sind? Sie blicken vage, aber ich, ich wünsche es nicht im Geringsten. Ich wünsche zu bleiben, der ich bin ..." (S. 247).

Gegenentwurf zu Felix Krull

Felix weiß zumindest, dass er Rollen spielt. Es ist dieses Bewusstsein, das ihn zum Hochstapler macht. Seine Übung kommt ihm zugute, als die beiden Herren in weinseliger Stimmung beschließen, dass Felix als Marquis de Venosta auf Weltreise gehen soll, während der echte Marquis bei seiner Zaza in Paris bleibt. Der Marquis hat keine Zweifel daran, dass ein Bürgerlicher seine Rolle des Adeligen überzeugend spielen kann, und zeigt damit, dass auch Louis de Venosta nicht an eine natürliche Vorzüglichkeit des Adels glaubt.

Professor Kuckuck

Im Zug nach Lissabon trifft Felix durch Zufall auf seinen bedeutendsten Lehrer: den 57-jährigen Naturkundler Professor Kuckuck.

Felix' Lehrer

3.4   Personenkonstellation und Charakteristiken

Felix überhöht den Professor in seinem Erzählen schon, bevor er
das erste Wort mit ihm gesprochen hat. Indem Felix an Kuckuck
„Sternenaugen" entdeckt, deutet er bereits die astronomische Di-
mension der folgenden Belehrungen an. Kuckucks Steckenpferd
ist der Wandel der Formen. Der Paläontologe erzählt Felix von den
Veränderungen der Physiognomien der Portugiesen, der Formen
in der Architektur, der Erdalter und Lebensweisen. Das menschliche Leben bezeichnet Kuckuck „im Maßstabe der Äonen" (S. 277)
als Episode, als permanente Verwandlung, „das Sein sei selbst eine
solche – zwischen Nichts und Nichts" (S. 282). Seine Ausführungen
sind Bilder für Felix' eigene Existenz: Es gibt kein unveränderliches
Wesen der Dinge. Kuckuck beschreibt so Felix' Leben als Verwand-
lungskünstler implizit in der Form naturwissenschaftlicher Allego-
rien. Durch das Prinzip der permanenten Verwandlung in der Natur-
geschichte, das Fortschritt erst ermöglicht, wird Felix' Lebensweise
entschuldigt.

3.5 Sachliche und sprachliche Erläuterungen

1. Buch,

1. Kapitel

S. 7	**Vevey**	Stadt am Genfer See in der französischsprachigen Schweiz
S. 8	**glorreiche Gründung des Deutschen Reiches**	Nach dem Sieg über Frankreich wurde am 18. Januar 1871 im Spiegelsaal des Schlosses von Versailles das Deutsche Kaiserreich gegründet.
S. 9	**Lorley (Loreley)**	Fast senkrechter Schieferfelsen am rechten Rheinufer oberhalb von St. Goarshausen in Rheinland-Pfalz. Clemens Brentano erzählt in seiner Ballade *Lore Lay* (auch unter dem Titel *Zu Bacharach am Rheine* bekannt, 1800) die Sage von einer schönen Frau, die dort die Rheinschiffer durch ihren Gesang ins Verderben stürzt. Joseph von Eichendorff (*Waldesgespräch*, um 1812) und Heinrich Heine (*Ich weiß nicht was soll es bedeuten*, 1823) haben den Stoff aufgenommen.

6. Kapitel

S. 38	**currentis**	des laufenden Monats
	huju	dieses Monats

2. Buch,

2. Kapitel

S. 65	**Tournure**	gewandtes Benehmen
S. 66	**Exequien**	Totenfeierlichkeiten
	Fortuna	Göttin des Glücks

3. Kapitel

S. 72	**Heckpfennig**	Glückspfennig

3.5   Sachliche und sprachliche Erläuterungen

S. 73	Filia hospitalis	scherzhaft für die Tochter der Wirtsleute eines Studenten
S. 76	Aftermieter	Untermieter
	p. p. Stürzli	praemissis praemittendis: nach Vorausschickung des Vorauszuschickenden; die Titel und Anreden des Direktors werden nicht detailliert aufgezählt, sondern als bekannt vorausgesetzt

4. Kapitel

S. 78	Bankbruch	Bankrott, Pleite
S. 85	Bel-Étage	erstes („schönes") Stockwerk
S. 86	Phantasmagorie	Darstellung von Trugbildern, Gespenstererscheinungen usw. auf der Bühne durch technisch-optische Mittel
S. 87	Quisquilien	Kleinigkeiten, Nichtigkeiten, Abfall

5. Kapitel

S. 93	Chargierten	Amtsträger
S. 97	Verdikt	Entscheidung, Urteil
S. 98	Einjähriger	Wehrpflichtiger, der aufgrund höherer Schulbildung nur ein Jahr zu dienen brauchte, wenn er sich freiwillig meldete.

6. Kapitel

S. 113	Davidssiege	Anspielung auf den biblischen Kampf zwischen David und Goliath. Mit seiner Schleuder bezwang David den körperlich weit überlegenen Goliath. (1. Sam. 17)
	schmollieren	Brüderschaft trinken
	Frère-et-cochon-Fuß	frz. „Bruder und Schwein": intime Freundschaft
S. 114	Lärvchen	kleine Larve; hübsches, aber nichtssagendes Gesicht
	Eau de lis	Lilienwasser

3.5   Sachliche und sprachliche Erläuterungen

S. 115	**Nymphen**	Mädchen, Braut; weibliche griechische Natur-gottheit
	Phrynen	berühmte griechische Hetäre (Hetären: gebil-dete, sozial anerkannte Tempelprostituierte der Antike); verführerische Frau
S. 119	**Geldkatze**	am Gürtel getragene Geldtasche
S. 122	**sich erkennen**	biblischer Ausdruck für Geschlechtsverkehr
	Schlagfluss	Schlaganfall
7. Kapitel		
S. 125	**Michaeli**	Gedenktag des Erzengels Michael (29. 9.)
S. 128	**Visitatoren**	jemand, der etwas prüfend besichtigt
S. 130	**Preziosen**	Geschmeide, kostbarer Schmuck
	Saffiankästchen	Saffian: feines Ziegenleder
	Vidi-Zeichen	Zeichen der Genehmigung
	Effekten	bewegliche Habe, Besitz
	Porteurs	(Koffer-)Träger
S. 134	**Porphyrsäulen**	Porphyr: feinkörniges Gestein mit Einspreng-seln von Kristallen
	Entresol	Zwischenstockwerk
	Kontribution	Geldleistung
S. 135	**Pincenez**	Kneifer, Zwicker
S. 136	**L'employé-volontaire**	der freiwillige [gemeint ist wohl: unbezahlte] Angestellte; Praktikant
S. 137	**Chasseur**	Hotelboy; eigentl.: Jäger
	Dortoir des employés	Schlafsaal der Angestellten
	Élévateur de bagage	Lastenaufzug

3.5   Sachliche und sprachliche Erläuterungen

S. 142	Felleisen	Rucksack, Ranzen
	Garde-manger	Speisekammer
S. 143	Kamisol	(Unter-)Jacke, Weste
	Aide	Helfer
8. Kapitel		
S. 144	Reveille	Weckruf
S. 145	Cantine des employés	Kantine, Speisesaal der Angestellten
	Commis de salle	Kellnergehilfe
	Échelle au ciel	Himmelsleiter
S. 152	Embonpoint	Körperfülle, dicker Bauch
S. 154	Travestie	satirische Verspottung
S. 166	Fauteuil	Lehnsessel, Armstuhl
S. 173	Schlacht von Austerlitz	In der Schlacht von Austerlitz („Dreikaiserschlacht") besiegte Kaiser Napoléon I. von Frankreich am 2. 12. 1805 in der Nähe der südmährischen Stadt Austerlitz (in der Nähe des tschechischen Brünn) die österreichischen und russischen Truppen unter Kaiser Franz I. und dem russischen Zaren Alexander I.
	Panoptikum	Wachsfigurenkabinett
	Potentaten	Machthaber
	Defraudanten	Betrüger
	Abbé Liszt	Komponist und Pianist Franz Liszt (1811–1886)
	General Bazaine	Der französische General (1811–1888) kapitulierte als Befehlshaber der französischen Rheinarmee im Deutsch-Französischen Krieg 1870 in Metz. Er wurde deshalb zum Tode verurteilt, das Urteil wurde in eine Haftstrafe umgewandelt. Aus der Haft floh er nach Spanien.

3.5   Sachliche und sprachliche Erläuterungen

	Lesseps	Ferdinand Marie Vicomte de Lesseps (1805–1894), französischer Diplomat und Ingenieur, Erbauer des Sueskanals
	Diseuse	Vortragskünstlerin im Kabarett
8. Kapitel		
S. 179	**Tailormade**	vom Schneider gearbeitet
S. 182	**Helot**	Staatssklave im antiken Sparta
3. Buch,		
1. Kapitel		
S. 192	**Fant**	unreifer, junger Bursche
S. 193	**Pourboires**	Trinkgelder
	Douceurs	Geschenke, Aufmerksamkeiten
S. 195	**Haut-goût**	würziger oder Wildbretgeschmack; Anrüchigkeit; hier wohl: gehobener Geschmack
S. 196	**Fêtards**	Lebemänner
	Kokotten	Halbweltdamen
S. 198	**Andromache**	in der griechischen Mythologie traurige Gemahlin des trojanischen Prinzen Hektor; ihr Mann, ihr Sohn, ihr Vater und ihre sieben Brüder werden getötet, sie selbst versklavt.
S. 202	**Taburett**	Podest
S. 206	**Blumenboskett**	Boskett: Parkwäldchen, Buschwäldchen
S. 210	**Parure**	Putz, Schmuck
	Entremets	leichtes Zwischengericht
S. 212	**Blagueur**	Aufschneider, Spaßmacher, Witzbold
	Infusion de tilleul	Lindenblütentee
S. 223	**Courtoisie**	feines Benehmen, Höflichkeit
S. 229	**Kujon**	Schuft, Quäler

3.5   Sachliche und sprachliche Erläuterungen

3. Kapitel

S. 232	**Rayon**	Abteilung
	Farceur	Spaßvogel, Possenreißer
S. 236	**Wittib**	Witwe

4. Kapitel

S. 245	**Soubrettenfach**	naiv-heiteres Rollenfach für Sopranstimme
S. 259	**Ferblantier**	Klempner, Blechschmied

5. Kapitel

S. 264	**Châtelaine**	Gürtelkette
S. 278	**Vertebrat**	Wirbeltier
S. 286	**kaustisch**	scharf spöttisch

6. Kapitel

S. 290	**galonierte Grooms**	betresste Pagen
S. 299	**Minauderie**	geziertes Benehmen
S. 301	**Chaperonnage**	Behütung, Beschützung

8. Kapitel

S. 328	**Dermoplastiker**	Präparator von Wirbeltieren in naturgetreuer Darstellung
S. 333	**Suade**	Redeschwall, Redefluss

9. Kapitel

S. 338	**Ennui**	Langeweile
S. 340	**Konflikt der portugiesischen und englischen Interessen in Zentral-Afrika**	Die Angaben über den portugiesischen König Dom Carlos I. (1863–1908) stimmen mit der Geschichtsschreibung überein: Der Monarch aus dem Hause Sachsen-Coburg und Gotha herrschte von 1889–1908. Politisch bewies er keine glückliche Hand. Der Plan, die beiden portugiesischen Kolonien im südlichen Afrika (das heutige Angola und Mosambik) zu

3.5 Sachliche und sprachliche Erläuterungen

verbinden und auf diese Weise ein zusammenhängendes Kolonialreich in Afrika zu gründen, hatte eine Welle nationalistischer Begeisterung hervorgerufen. Entsprechend groß war die Enttäuschung, als sich Portugal dem Druck Großbritanniens, das einen ähnlichen Plan verfolgte, beugen musste. Die Schwäche des Landes wurde dabei nicht nur der Regierung, sondern der Monarchie selbst angelastet. Dazu kamen schwere wirtschaftliche Probleme, die 1891 zum Staatsbankrott führten, was einen weiteren schweren Ansehensverlust der Monarchie zur Folge hatte. Innenpolitisch herrschten zum Teil chaotische Zustände, die untereinander zerstrittenen Monarchisten waren nicht mehr in der Lage, dem stetigen Wachsen der republikanischen und sozialistischen Strömungen Einhalt zu gebieten.

S. 342	**Karyatiden**	weibl. Statue als Gebälkträger statt einer Säule (besonders am Portikus)
S. 347	**Qualis artifex-Ambitionen**	Der Überlieferung nach sollen Kaiser Neros letzte Worte *Qualis artifex pereo* gewesen sein – „Welch ein Künstler geht mit mir zu Grunde!"

10. Kapitel

S. 369	**Courmacherei, -schneiderei**	einer Dame den Hof machen; Schmeichelei

11. Kapitel

S. 388	**Kavalkade**	prächtiger Aufzug eines Reitertrupps; Pferdeschau
S. 389	**chevaleresk**	ritterlich
S. 391	**Idiosynkrasie**	Abneigung, Überempfindlichkeit

3.6 Stil und Sprache

ZUSAMMEN-
FASSUNG

→ Thomas Mann lässt seinen Felix Krull im Stil eines Hochstaplers schreiben: Der Satzbau ist durch Einschübe und
Hypotaxen komplex, die Wortwahl gehoben. Der Mode
des späten 19. Jahrhunderts entsprechend, stammen
Ausdrücke oft aus der damaligen kulturellen Leitspra-
che Französisch. Gelegentlich lässt Mann seine Figur
stilistische Fehler machen, um ihn auch sprachlich als
Hochstapler erscheinen zu lassen.

→ Wie in seinem ganzen Auftreten ahmt Felix auch sprachlich und bei seinem Bekenntniswerk Vorbilder nach:
Er wiederholt bei passender Gelegenheit kluge Gedanken und elegante Redewendungen, die er anderswo
aufgeschnappt hat.

→ Aus der Perspektive des Autors Thomas Mann ist die
Sprache seines Hochstaplers Felix Krull eine doppelte
Parodie: eine spöttische Nachahmung des unkontrol-
lierten Stils der Autobiografie des echten Hochstaplers
Manolescu sowie eine Karikatur der Bildungssprache von
Goethes Autobiografie *Dichtung und Wahrheit*.

Der Bekenner Felix Krull ist von seiner „natürliche(n) Begabung
für gute Form" (S. 8) überzeugt:

Gehobene Aus-
drucksweise

„Welch Gunst ist es doch, über einen polierten und gefälligen
Ausdruck zu verfügen, der Gabe der guten Form teilhaftig zu
sein, die mir jene geneigte Fee mit zarter Hand in die Wiege

3.6   Stil und Sprache

legte und die mir für das ganze hier laufende Geständniswerk
so sehr vonnöten ist!" (S. 301 f.)

Thomas Mann lässt den Bekenner eine Sprache sprechen, die ihn
als Hochstapler charakterisiert: Obwohl Felix Krull „regelmäßige
und wohlbeendete Studien" (S. 7) fehlen, ist seine Ausdrucksweise
gehoben. Seine Wortwahl soll Bildung und Weltläufigkeit anzei-
gen. Dem Zeitgeist entsprechend stammen die Ausdrücke häufig
aus dem Französischen („Tournure", S. 65; „Embonpoint", S. 152).
Manchmal vergreift sich der Bekenner im Wort oder auch in der
Stilhöhe. Das hat eine **komische Wirkung**. Felix stammt aus „fein-
bürgerlichem, wenn auch liederlichem Hause" (S. 7). Die Adjektive
stehen im Gegensatz zueinander, „feinbürgerlich" lässt außerdem
das wenig schmeichelhafte Adjektiv „kleinbürgerlich" anklingen.
Was in Bezug auf die Figur des Bekenners Felix Krull als komische
Unbeholfenheit angesehen werden kann, als Beweis dafür, dass er
auch literarisch ein Hochstapler ist, hat **Albrecht Schöne** als Ausweis der ironischen Sprechweise des Autors interpretiert:

> „Auf Kosten des vorgeschobenen Erzählers entwickelt der ei-
> gentliche Erzähler so die Komik des Romans. Im missglückten
> Sprechen des alten Hochstaplers kommt das ironische, parodis-
> tische Sprechen des Erzählers zu Wort."[8]

Der Literaturwissenschaftler Schöne erinnert mit dieser Ein-
schätzung zugleich daran, dass der Ich-Erzähler Krull nicht mit
dem Autor Thomas Mann identisch ist. Der Autor lässt seine Figur auch sprachlich hochstapeln, um sie mit dem **Mittel der Ironie**
zu entlarven.

Illusion von Bildung und Weltläufigkeit

---

8   Albrecht Schöne: *Der Hochstapler und der Blechtrommler*, S. 10.

3.6 Stil und Sprache

Nachgeahmte Fremdsprachen

Felix muss Fremdsprachen nicht lernen, um sie zu beherrschen, weil sie ihn „anfliegen" (S. 154). Entsprechend ist auch die Sprache seiner *Bekenntnisse* eine „übertrieben echte Nachahmung" und „Travestie" (S. 154). Seine Sprache hat Felix Figuren wie seinem Vater, seinem Paten, dem Geistlichen Rat Chateau, dem Hoteldirektor und schließlich auch dem Professor Kuckuck abgelauscht. Von diesem kopiert er nicht nur Wendungen und Formen, sondern auch die Inhalte. Wie in seinem Hochstapler-Leben, so geht Felix auch in seinen *Bekenntnissen* vor: Er schnappt sprachliche Wendungen und Gedanken auf und gibt sie bei passender Gelegenheit wieder, so dass Schöne schließt:

> „Der Sprachgebrauch (…) gibt zu erkennen, dass das Memoirenwerk, mit dem er sich selbst ein Denkmal setzt, nichts Geringeres ist als das letzte und äußerste seiner bedenklichen Unternehmen: eine Hochstapelei in zweiter Potenz, in literarischer."[9]

Felix Krull kann nicht anders: So wie er seine Umwelt durch edle Kleidung und gepflegte Umgangsformen von seinem „höheren Wesen", seinem höheren gesellschaftlichen Stand überzeugt, so will er seinen Lesern beweisen, dass er auch auf dem Gebiet der Literatur größer ist, als seine Herkunft und Bildung vermuten lassen.

„Takt und Anstand"

Wenn es um **schlüpfrige, anzügliche Episoden** aus seinem Leben geht, legt Felix Krull Zurückhaltung an den Tag, um „Takt und Anstand" (S. 7) zu wahren. Er will das gebildete Publikum „in den besten Häusern" (S. 64), an das er sich ausdrücklich wendet, nicht brüskieren. Das Kindermädchen wird nicht etwa wegen einer Affäre mit Felix' Vater entlassen, sondern weil „sich ein Verhältnis weiblicher Rivalität zwischen ihr und meiner Mutter – und zwar

---

9 Ebd., S. 8.

3.6   Stil und Sprache

in Beziehung auf meinen Vater – gebildet hatte" (S. 7). In Frankfurt sieht Felix keine Huren und Zuhälter, sondern „Kind(er) der Sehnsucht" und Männer, die ihnen einen „gewissen ritterlichen Schutz gewähren" (S. 118). Felix wird nicht selber zum Zuhälter, er lässt sich vielmehr „eine mäßige Teilhaberschaft an dem Gewinne" (S. 124) seiner Liebeslehrerin Rozsa gefallen. Durch diese Euphemismen sagt Felix Krull Dinge, ohne sie auszusprechen. Das Leben am Rande der Gesellschaft macht er durch seine vornehme, altmodische Redeweise salonfähig.

Euphemismen

Der Satzbau ist meistens komplex. Gleich im ersten Satz des Romans werden sowohl Kommata als auch Klammern und Gedankenstriche als Mittel der Unter- und Nebenordnung von Satzteilen verwendet. Die immer neuen Einschübe erwecken beim Leser den Eindruck assoziativer Verknüpfung, was wiederum die Absicht des Bekenners unterstützt, seine Erzählung als authentischen und wahrheitsgemäßen Ausdruck seiner Erfahrungen erscheinen zu lassen.

Komplexer Satzbau

Aus der Perspektive des Autors Thomas Mann ist der Stil seines Romans eine doppelte Parodie: eine spöttische Nachahmung des unkontrollierten Stils der Memoiren des realen Hochstaplers Manolescu sowie eine Karikatur der Bildungssprache von Goethes Autobiografie *Dichtung und Wahrheit*.[10]

Goethe-Karikatur

---

10   Der Sprache der *Bekenntnisse* hat Werner Frizen in seinem Erläuterungsband ein Kapitel gewidmet: Frizen, S. 75–85.

3.7 Interpretationsansätze

ZUSAMMEN-
FASSUNG

→ Offenkundig ist die Entlarvung der Leichtgläubigkeit, der
  Selbstverliebtheit und der Oberflächlichkeit der Mitglieder der höheren Gesellschaft, die es dem Hochstapler
  leicht macht, als der anerkannt zu werden, der er gerade
  sein möchte.

→ In literaturgeschichtlicher Perspektive parodiert der
  Roman den Authentizitätsanspruch der Gattungen Bio-
  grafie und Bekenntnis sowie das ehrwürdige Genre
  des Bildungsromans, indem Felix' Meisterschaft als
  Hochstapler als Resultat eines erfolgreichen Lern- und
  Entwicklungsprozesses gezeigt wird.

→ Dass die Wirklichkeit nur das ist, woran Menschen glauben, ist ein philosophischer Interpretationsansatz des
  Romans.

→ Neben einigen biografischen Parallelen zwischen Felix
  Krull und seinem Autor Thomas Mann spiegeln sich auch
  Lebensthemen des Schriftstellers in seinem Hochstapler-
  Roman: der Künstler-Bürger-Konflikt sowie das eigene
  erotische Interesse an Männern.

→ Hermes, der vielgestaltige Gott der Diebe, und Narziss, der selbstverliebte Jüngling, sind mythologische
  Bezugspunkte des Romans.

Parodie

Die *Bekenntnisse* als Parodie

Goethe und Krull

Aus der Nähe des Romanstoffes zu dem Leben des Hochstaplers
Georges Manolescu darf man nicht schließen, dass Thomas Mann
lediglich dieses authentische Hochstapler-Leben neu aufgeschrie-

3.7   Interpretationsansätze

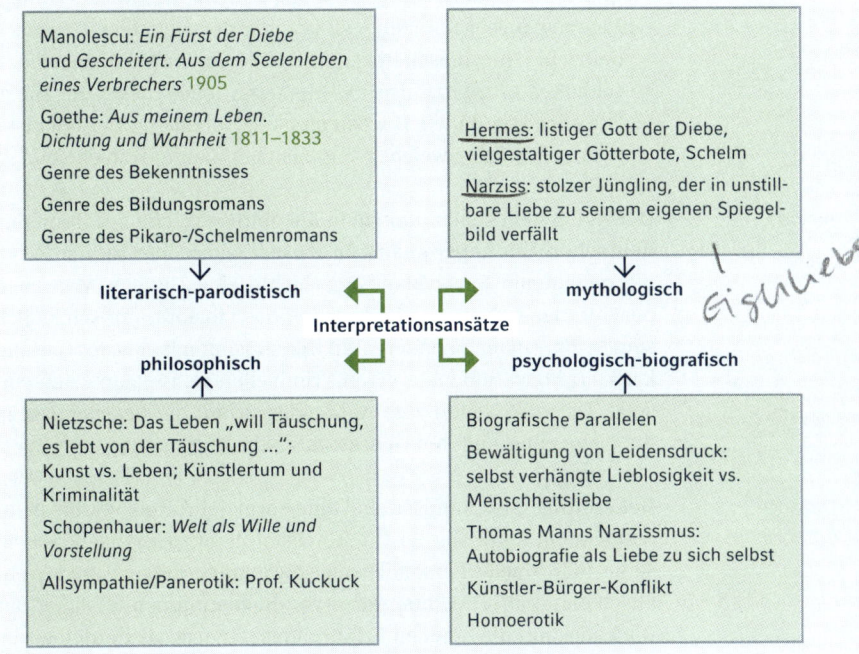

Manolescu: *Ein Fürst der Diebe* und *Gescheitert. Aus dem Seelenleben eines Verbrechers* 1905

Goethe: *Aus meinem Leben. Dichtung und Wahrheit* 1811–1833

Genre des Bekenntnisses

Genre des Bildungsromans

Genre des Pikaro-/Schelmenromans

<u>Hermes</u>: listiger Gott der Diebe, vielgestaltiger Götterbote, Schelm

<u>Narziss</u>: stolzer Jüngling, der in unstillbare Liebe zu seinem eigenen Spiegelbild verfällt

literarisch-parodistisch ← → mythologisch

Eigenliebe

Interpretationsansätze

philosophisch ← → psychologisch-biografisch

Nietzsche: Das Leben „will Täuschung, es lebt von der Täuschung ...";
Kunst vs. Leben; Künstlertum und Kriminalität

Schopenhauer: *Welt als Wille und Vorstellung*

Allsympathie/Panerotik: Prof. Kuckuck

Biografische Parallelen

Bewältigung von Leidensdruck: selbst verhängte Lieblosigkeit vs. Menschheitsliebe

Thomas Manns Narzissmus: Autobiografie als Liebe zu sich selbst

Künstler-Bürger-Konflikt

Homoerotik

ben habe. Neben dem Lebensbericht Manolescus hat der Roman noch andere literarische Quellen. Anlässlich einer Lesung aus dem Werk hat Thomas Mann die *Bekenntnisse* 1916 so charakterisiert:

„Es handelt sich also um einen Roman, der sich illusionsweise als die Autobiografie eines Schwindlers, eines Hochstaplers gibt. Wir haben in deutscher Sprache große Selbstbiografien, nichtwahr, – *Dichtung u. Wahrheit* [von Goethe] z. B. oder autobio-

3.7   Interpretationsansätze

grafische Bildungs- u. Entwicklungsromane wie Kellers *Grünen Heinrich*: dieser Romantyp ist ja sogar der eigentlich u. typisch deutsche. Nun, diesen Bekenntnissen u. Entwicklungsgemälden schließen sich jetzt also die Memoiren eines gewissen Herrn Felix Krull an, der ein Hochstapler und Hoteldieb war – oder ist – oder sein wird –: welches Tempus man da nun wählen soll."[11]

Antiheld

Der Autor stellt seinen Roman in die **einflussreiche Tradition des deutschen Bildungsromans**. In diesem Genre wird in der Regel die gelingende Entwicklungsgeschichte eines jungen Menschen gezeigt, der sich an der Welt die Hörner abstößt, um schließlich seinen Platz in ihr zu finden. Den Bildungsoptimismus der Gattung karikiert Mann, indem er einen Kriminellen als Protagonisten einsetzt. Diese Wendung zum Antihelden bringt die *Bekenntnisse* in die Nähe eines anderen Genres: des Schelmenromans.

Form der Autobiografie

Bekenntnis: Bekenntnisse sind eine Form der Autobiografie. In ihnen legt ein Autor vor der Öffentlichkeit Zeugnis über sein Leben, seine individuelle Persönlichkeit sowie seine Lebens- und Weltanschauung ab. Die Perspektive von Bekenntnissen ist daher der Rückblick auf die eigenen Erfahrungen. Anders als in Memoiren, in denen mehr die äußeren Umstände geschildert werden, liegt der Schwerpunkt von Bekenntnissen auf der Darstellung der inneren Seelenzustände und geistigen Entwicklung ihres Autors. Im 18. Jh. verwischen zunehmend die Grenzen zwischen der wahrhaftigen Autobiografie und dem fiktionalen Bildungsroman.

---

11   Zitiert nach: Hans Wysling: *Thomas Mann I*, S. 307.

3.7 Interpretationsansätze

Werke: Augustinus: *Bekenntnisse* (um 400 verfasst); Jean-Jacques Rousseau: *Bekenntnisse* (1782); Goethe: *Aus meinem Leben. Dichtung und Wahrheit* (1811–14, 1833).

Schelmenroman: Der Schelm in der Literatur ist ein gesellschaftlicher Außenseiter, der mit Witz die Schwächen seiner Mitmenschen entlarvt. Weil er ein mittelloser Underdog ist und nichts gilt in der Welt, muss er sich anderer Mittel bedienen: Er ist listig und anpassungsfähig. Mit Betrug und Diebstahl, Lügen und Schlichen schlägt sich der Schelm durchs Leben. Doch ist der Schelm nicht wirklich kriminell, er bewahrt sich seine Unbestechlichkeit. Im Schelmenroman wird nicht der betrügerische Schelm, sondern die verlogene Welt kritisiert.

Listiger Underdog

Schelmenromane sind häufig in Form einer Autobiografie verfasst, als Lebensbeichte eines reuigen Sünders. Seine oft episodische Form erhält der Schelmenroman dadurch, dass sein Held bei dem Versuch der Befreiung aus einer Notlage in die nächste gerät. So kommt er in der Welt herum.

Werke: Anonym: *Lazarillo de Tormes* (1554); Hans Jacob Christoph von Grimmelshausen: *Simplicissimus* (1668); Jaroslav Hašek: *Die Abenteuer des braven Soldaten Schwejk* (1921–23); Giovanni Guareschi: *Don Camillo und Peppone* (1948); Günter Grass: *Die Blechtrommel* (1959).

Bildungs- oder Entwicklungsroman: Im Mittelpunkt dieses Genres steht ein Mensch, zumeist ein Mann und oft ein Künstler, der seinen Platz in der Welt sucht. Gemäß dem bürgerlichen Bildungsideal vervollkommnet der Held im Wechselspiel von Kultur und Gesellschaft auf der einen und seinen persönlichen, seelischen Bedürfnissen auf der anderen Seite seinen Charakter zu einer verantwortlichen Persönlichkeit.

Gesucht: der eigene Platz in der Welt

Die Entstehung dieses Genres am Ende des 18. Jahrhunderts hängt mit einem aufgeklärten Weltbild zusammen, in dem nicht

3.7   Interpretationsansätze

mehr Geburt, Stand und Religion das Lebensschicksal vorherbe-
stimmen. Der Bildungsroman dokumentiert ein sich mehr und mehr
befreiendes Selbstbewusstsein und ist ein Ausdruck der Entde-
ckung der unverwechselbaren Individualität des Menschen.

Werke: Christoph Martin Wieland: *Geschichte des Agathon*
(1766–67; spätere Fassungen 1773, 1794); Karl Philipp Moritz: *Anton Reiser* (1785–90); Johann Wolfgang von Goethe: *Wilhelm Meisters Lehrjahre* (1795–96); Novalis: *Heinrich von Ofterdingen* (1802);
Gottfried Keller: *Der grüne Heinrich* (1854–55; 2. Fassung 1879–80);
Gustav Freytag: *Soll und Haben* (1855).

Die *Bekenntnisse* als Auseinandersetzung mit der Mythologie

Hermes

Geistreicher Gott
der Diebe

An mehreren Stellen der *Bekenntnisse* wird Felix Krull mit dem grie-
chischen Gott Hermes in Verbindung gebracht: Nach seinem Auftritt als geigendes Wunderkind schenkt ihm eine russische Fürstin
eine Diamantbrosche in Form einer Leier (S. 23), die ein Attribut
des vielgestaltigen Götterboten ist. Die Schriftstellerin Diane Philibert-Houpflé sieht in Felix eine Verkörperung von Hermes, des
„geschmeidige(n) Gott(es) der Diebe" (S. 185). Und auch Professor Kuckuck kommt auf Hermes zu sprechen, nachdem ihm Felix
das Stichwort dazu gegeben hat (vgl. S. 279 f.).

In der mythologischen Literatur der Antike ist Hermes enorm
vielseitig. Bildlich wurde Hermes als anmutiger Jüngling mit He-
roldsstab, Flügelschuhen und Flügelhelm dargestellt. Er ist ein
Führer, Beschützer der Wanderer und Gott des Weges, **Beglei-
ter der Verstorbenen in die Unterwelt**, Gott des Schlafs und des
Traums, aber auch der listenreiche Gott der Diebe, ein Meisterdieb
und Schelm, Gott der Spitzbübereien und des Trugs. Hermes, der
auch der Gott der schlauen, rätselhaften Rede ist, ist in der antiken

3.7   Interpretationsansätze

Diane Houpflé
(Susi Nicoletti)
und Felix Krull
(Horst Buchholz)
in der Verfilmung
von 1957
© picture alliance /
United Archives

Literatur ein Schelm, dem niemand böse sein kann. Er ist ein **positiver Held**. Er bewegt sich außerhalb der festgesetzten Grenzen der Sitten und Gesetze. Als Götterbote ist er viel unterwegs. Karl Deichgräber hebt hervor, dass Hermes nicht so sehr durch seine Fertigkeiten bestimmt ist, als vielmehr durch „die eigentümliche Kunst, mit der er seiner Ämter waltet, wie ihm alles glückhaft gelingt, sein Charme, mit dem das Glück notwendig verbunden scheint."[12] Was Hermes beginnt, gelingt ihm spielend. Das gilt auch für Felix Krull.

---

12   Karl Deichgräber: *Der listensinnende Trug des Gottes.* Göttingen: Vandenhoeck & Ruprecht, 1952, S. 109.

3.7   Interpretationsansätze

Narziss

Dümmliche
Selbstverliebtheit

Im Gegensatz zu dem geistreichen Hermes erscheint die Figur des Narziss, mit dessen Selbstverliebtheit Felix Krull Ähnlichkeit hat, eher etwas dümmlich. Der schöne Sohn des Flussgottes Kephisos verschmäht die Liebe vieler Jungen und Mädchen, woraufhin er von Nemesis oder Aphrodite bestraft wird: Beim Blick in eine Quelle verfällt er in unstillbare Liebe zu seinem Spiegelbild. Da er das Spiegelbild nicht fassen kann, verzweifelt er an der Suche nach seiner Identität. Als ein herabfallendes Blatt sein Spiegelbild verschwimmen lässt, glaubt Narziss, dass er hässlich sei, und stirbt. Er wird in eine Narzisse verwandelt. Damit erfüllt sich eine Weissagung des Sehers Teiresias, nach der Narziss nur dann lange leben werde, wenn er sich nicht selbst erkenne. Die Psychologie interpretiert Narziss als den Mythos einer misslingenden Identitätssuche.

„Es gibt nur ein Unglück: das Gefallen an sich selbst einzubüßen"[13], meint der Bajazzo in der gleichnamigen Erzählung von Thomas Mann und zieht damit implizit eine Lehre aus dem Mythos des Narziss: Erkenne dich nicht selbst, sondern glaube an dich. Felix Krull ist das glückliche Spiegelbild dieser Figuren. Sein unbedingter Glaube an seine eigene Vorzüglichkeit, die einerseits sein Bemühen um den gesellschaftlichen Aufstieg und andererseits die Niederschrift seiner Lebenserinnerungen legitimiert, ist der Schlüssel zu seinem Erfolg.

Autobiografische Interpretation

„Anwandlungen von innerer Kühnheit, die Memoiren betreffend, die ich gerne so nenne, weil ihr einziger Reiz darin besteht, mein

---

13   Thomas Mann: *Der Bajazzo*. In: ders.: Gesammelte Werke in dreizehn Bänden. Frankfurt a. M.: Fischer, 1990, Band VIII, S. 138.

3.7 Interpretationsansätze

Leben wie in den *Faustus* hineinzulegen, – selbst unbekümmert um
‚Form' und Objektivität."[14]

Interpretationen, die Felix Krull als ein literarisches Alter Ego seines   Alter Ego
Autors Thomas Mann ansehen, scheinen durch die Meinung des   Thomas Manns
Autors bewiesen zu sein. Eine Reihe **autobiografischer Parallelen**,
die im Materialteil abgedruckt sind (siehe Kapitel 5.2 Thomas Mann:
Parallelen, S. 103 ff. des vorliegenden Bandes), verstärken die Ver-
mutung, dass Felix Krull mit Thomas Mann eng verwandt ist. Hans
Wysling geht sogar noch einen Schritt weiter: „Werk und Person
sind dabei weitgehend identisch. Das Werk ist nicht nur Spiel der
Fiktion, es dient in sehr konkretem Sinne dazu, den Leidensdruck
zu bewältigen."[15]

Mit der Geschichte des antiken Malers Phidias, der wiederholt
das Material unterschlagen hat, aus dem er Statuen fertigen soll-
te, bringt Schimmelpreester Künstlertum und Kriminalität in Zusammenhang (S. 25). Diese Auffassung hat Thomas Mann auch
in nichtliterarischen Texten vertreten. In den *Betrachtungen eines
Unpolitischen* schreibt er:

„Ein Künstler, meine ich, bleibt bis zum letzten Hauch ein Aben-
teurer des Gefühls und des Geistes, zur Abwegigkeit und zum Ab-
grunde geneigt, dem Gefährlich-Schädlichen offen. Seine Aufgabe selbst bedingt seelisch-geistige Freizügigkeit, sie verlangt
von ihm das Zuhausesein in vielen und auch in schlimmen Wel-

---

14 Thomas Mann, 9. 10. 1951. In: ders.: *Tagebücher 1951-1952*. Herausgegeben von Inge Jens.
    Frankfurt a. M.: Fischer, 1993, S. 116 f.
15 Hans Wysling: *Narzissmus und illusionäre Existenzform*, S. 9.

3.7   Interpretationsansätze

ten, sie duldet keine Sesshaftigkeit in irgendwelcher Wahrheit
und keine Tugendwürde."[16]

Der Bürger Thomas Mann streicht hier die antibürgerliche Existenz des Künstlers heraus. Es scheint naheliegend, die *Bekenntnisse* mit Manns Worten als „die travestierende Übertragung des
Künstlertums ins Betrügerisch-Kriminelle"[17] zu verstehen, weil das
Künstlertum in Manns Selbstbild einen kriminellen Zug hat. (Zu der
autobiografischen Interpretation Wyslings siehe auch das Kapitel 4,
Rezeptionsgeschichte, S. 98 f. dieses Bandes)

---

16   Thomas Mann: *Betrachtungen eines Unpolitischen.* In: ders.: Gesammelte Werke in dreizehn
      Bänden. Frankfurt a. M.: Fischer, 1990, Band XII, S. 402 f.
17   Thomas Mann: *[Rückkehr].* In: ders.: Gesammelte Werke in dreizehn Bänden. Frankfurt a. M.:
      Fischer, 1990, Band XI, S. 531.

4. REZEPTIONSGESCHICHTE

ZUSAMMEN-FASSUNG

→ In den Zeitungen ist jede Veröffentlichung eines neuen Abschnitts des Romans stets gelobt worden.
→ Lebensnähe, Ironie, intellektuelle Schärfe wurden als besondere Vorzüge des Romans gepriesen.
→ In einer postmodernen Lesart wird Felix Krull zum Prototyp des modernen Menschen, der sich ständig inszeniert und jeden Tag neu erfindet.

Von Anfang an hat die Literaturkritik die *Bekenntnisse* begeistert aufgenommen. In einer der ersten Rezensionen lobt Monty Jacobs (Vossische Zeitung, 28. 10. 1923) den veröffentlichen Auszug (1. Buch) aus den *Bekenntnissen,* das Romanfragment *Buch der Kindheit*: „Es wird einstimmig beschlossen, dass der Roman des Hochstaplers aufs schnellste zu Ende gedichtet werden soll." Im Vergleich mit den *Buddenbrooks* beobachtet Jacobs an den *Bekenntnissen* „die gereifte Kunst eines Dichters", die zugleich „artistische Freuden" und „unbefangenes Genießen" ermögliche.

Einstimmiges Lob

Für Hans Hennecke (FAZ, 25. 9. 1954) ordnen sich die *Bekenntnisse* motivisch und formgesetzlich in die Reihe der Romane Thomas Manns seit dem *Zauberberg* ein: Wie die anderen Protagonisten bei Thomas Mann verliere auch Felix Krull niemals das Gefallen an sich selbst. Die Geschichte des Abenteurers Krull erhalte ihre Hintergründigkeit durch die Brüchigkeit der Gesellschaft, die er ausbeutet. Auf der einen Seite nennt Hennecke den Roman ein „großes Scherzo", einen Spaß, hebt aber auf der anderen Seite auch die „beredte Dialektik", die intellektuelle Schärfe, beispielsweise von

„Beredte Dialektik"

Felix' Rede über die Liebe hervor. Seine größte Stärke habe der Roman aber in der Lebensnähe, mit der die mondäne Welt des ausgehenden 19. Jahrhunderts geschildert werde.

„Unsägliches geistiges Vergnügen"

Friedrich Sieburg (Die ZEIT, 7. 10. 1954) beobachtet im Unterschied dazu „eine fast zeitlose Kulisse, in der Krull seinen Weg geht". In seiner Rezension lobt Sieburg das „unsägliche geistige Vergnügen, das der Roman uns bereitet", dessen Kunstprinzip die „*Ironie* als höchste Ausdrucksform" sei. Als erster Rezensent nennt Sieburg das Fragment einen Schelmenroman. Felix Krull ist für ihn kein verbrecherischer Schwindler, sondern ein junger Mann voller Lernbegierde und stürmischem Bildungsbedürfnis und insofern eine Parodie von Goethes Wilhelm Meister. Das ursprüngliche Anliegen der *Bekenntnisse*, den Gegensatz zwischen Künstler und Bürger zu ironisieren, habe sich überlebt. Heute, 1954, liege die Bedeutung der Figur des Felix Krull in ihrer totalen Einsamkeit.

Kurz nach der Ausgabe im Frankfurter S. Fischer Verlag 1954 erschien das Romanfragment auch im ostdeutschen Aufbau-Verlag. Hermann Müller (Neues Deutschland, 2. 3. 1955) hebt hervor, dass Thomas Mann wie in seinen früheren Romanen „die Frage nach Gesicht, nach Moral, nach Zerfall des Bürgertums" stelle und um die „Bewahrung und Rettung des humanistischen Gedankens" ringe. Der Roman zeige eine Gesellschaft ohne echte Wertmaßstäbe, die er durch das Mittel der Ironie fragwürdig erscheinen lasse. Wie Sieburg spricht auch Müller von einem Schelmenroman.

Rahmen für Manns gesamtes Werk

In der bisher umfangreichsten Monografie zu dem Romanfragment, *Narzissmus und illusionäre Existenzform*, interpretiert Hans Wysling, der damalige Leiter des Thomas-Mann-Archivs in Zürich, den Roman 1982 im Zusammenhang von Philosophie, Psychologie und Mythologie. Wysling weist den *Bekenntnissen* die Rolle eines Rahmens für das gesamte Werk Thomas Manns zu. Thematisch und motivisch führe dieser Roman in das Zentrum des Schaffens

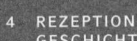

Zouzou Kuckuck
(Ingrid Andree)
und Felix Krull
(Horst Buchholz)
vor der Büste
eines Neander-
talers
© picture alliance

von Thomas Mann und thematisiere dessen Verhältnis zur geistes-
und literaturgeschichtlichen Tradition. Vor allem aber gäben die
Bekenntnisse über den Narzissmus ihres Autors Auskunft:

> „Dem Narzissmus kommt in den Bekenntnissen, aber auch in
> Thomas Manns ganzem Werk eine zentrale Bedeutung zu. Mit
> ihm hängt Thomas Manns eigenste Thematik zusammen, jener
> Komplex von Auserwähltheit, Andersartigkeit und Isoliertheit.

Mit ihm jene aus prinzlicher Lebensängstlichkeit stammende Kontaktscheu und Beziehungslosigkeit, die allenfalls zu homoerotischen und inzestuösen Neigungen führt. Mit ihm der Komplex von Ästhetizismus, Asozialität und Apolitie. Mit ihm der mit der prinzipiellen Unfähigkeit zur Objektliebe verbundene ‚Liebesanspruch' an alle Welt. Mit ihm schließlich der Versuch, die verhängte Liebelosigkeit durch Menschheitsliebe zu transzendieren, sei es durch die eigene Person (Krull) oder durch das ‚Sprachwerk' (Thomas Mann)."[18]

Für Wysling sind die *Bekenntnisse* ein Schlüssel zur Psyche ihres Autors. Die Arbeit an dem Roman habe Thomas Mann dazu gedient, „den Leidensdruck zu bewältigen"[19].

"Kalkül und Liebe"

Eine jüngere Monografie zu den *Bekenntnissen* mit dem Titel *Der Hochstapler* aus dem Jahr 1991 stammt von Bernhard Dotzler. „Kalkül (oder Arrangement) und Liebe, Identität und Austauschbarkeit"[20] bestimmt Dotzler als die Themen des Romans. Dotzler untersucht Thomas Manns Roman in postmoderner Perspektive. Er bezieht sich dabei u. a. auf den Begriff der Simulation des französischen Philosophen Jean Baudrillard, der behauptet, dass die Wirklichkeit heute in nichts anderem als künstlichen Zeichenwelten bestehe. In dieser Hyperrealität sei der Widerspruch zwischen dem Realen und dem Imaginären ausgelöscht. Bernhard Dotzler sieht Felix Krull als Analogie der Dichtung, die wie dessen Leben in „Simulation und schließlich Simulation der Simulation"[21] bestehe.

---

18 Wysling: *Narzissmus*, S. 92.
19 Ebd., S. 9.
20 Dotzler: *Der Hochstapler*, S. 140.
21 Ebd., S. 140.

5. MATERIALIEN

Georges Manolescus Autobiografie

Der rumänische Hochstapler Georges Manolescu (1871–1908) beschreibt am Anfang seiner 1905 erschienenen Autobiographie, dass er durch das Beispiel eines dummen französischen Grafen auf den Lebensplan verfallen sei, durch eine Heirat zu Reichtum zu kommen.

Reichtum durch Heirat?

„Ich langte im Monat Juni 1888, siebzehn Jahre alt, in Paris an. (...) Ich hatte zu jener Zeit einen vornehmen französischen Grafen kennengelernt, dem wir vom ersten Augenblick seines Auftauchens unter uns einstimmig den Ehrenpreis der Stupidität zuerkannt hatten; er war einundzwanzig Jahre alt und nannte sich Fernand de B... Nachdem er kurze Zeit wie ein Komet in den vornehmen Cliquen des Quartier Latin geglänzt hatte und gerade schmerzerfüllt die letzten Pfennige betrachtete, die ihm seine nachsichtige Mutter hatte schicken können, gelang es ihm in zwölfter Stunde noch, die älteste Tochter des Marquis de R... zu kapern. Sie war eine prachtvolle achtzehnjährige Blondine mit einer Mitgift von 240.000 Frank jährlicher Rente und Aussicht auf weitere zehn Millionen bar, sobald ihr liederlicher Vater, ein berüchtigter Viveur, sich zu Tode amüsiert hatte. Dieses eklatante Beispiel dafür, wie willkürlich das Schicksal seine Gaben unter die Menschen austeilt, erschütterte mich geradezu und pflanzte den ersten Keim der Auflehnung gegen die Ungerechtigkeiten dieser Welt in mein Herz. (...)
,Mein armer Georges', sagte ich dann wieder zu mir selbst, ,vergiss nicht, dass du eben nicht adlig bist. Und da du auch nicht reich bist, musst du dich einfach mit dem begnügen, was Dein ist, und geduldig auf die Freuden dieser Erde verzichten, bis du dir selbst eine soziale Stellung und Reichtum errungen hast.' (...)

Ich wollte also um jeden Preis reich sein, und zwar so rasch wie irgend möglich. Um dieses Ziel in kürzester Frist zu erreichen, sah ich keinen anderen Weg vor mir, als eine ebenso glänzende Heirat, wie sie diesem banausischen Grafen de B... gelungen war."[22]

Selbstsicherheit und Übung

Ein Hochstapler muss die Qualitäten eines Schauspielers besitzen. Er muss anders erscheinen, als er in Wahrheit ist. Selbstsicherheit und Übung seien die entscheidenden Voraussetzungen seines Erfolgs gewesen, erklärt Manolescu in dem Auszug aus seiner Autobiografie.

„Ein Verbrecher muss beständig eine Rolle spielen, eine Maske tragen, die sich absolut von seiner Person unterscheidet; er muss Eigenschaften heucheln und Eindrücke erwecken, die ganz im Gegensatz zu seinem wahren Wesen stehen. Ehe ich also den Kampf mit der Gesellschaft aufnahm, musste ich diese Kunst bis zur Vollendung beherrschen und die Lehrzeit, die ich mir zu diesem Zwecke bei Beginn meiner Hochstaplerkarriere selbst auferlegte, hat mir im weiteren Verlauf meines Lebens in zahlreichen verzweifelten Abenteuern unglaublich genutzt und mich oft vor Verhaftung und schwerer gerichtlicher Strafe gerettet. Wie häufig hat nur die Sicherheit meines Auftretens und die völlige Unbeweglichkeit meines Antlitzes die Polizei von meiner Spur abgelenkt, während jede Verwirrung, jeder Fluchtversuch mich meinem Schicksal überliefert hätte!"[23]

Statisten für einen Selfmade-Fürsten

Manolescu beschreibt, wie er sich durch sein herrschaftliches Auftreten den Anschein erwirbt, ein Adeliger zu sein.

———

22 Georges Manolescu: *Gescheitert. Aus dem Seelenleben eines Verbrechers*. Berlin: P. Langenscheidt, 1905, S. 13–15.
23 Georges Manolescu: *Der Mann mit dem blauen Gehrock. Memoiren eines Hochstaplers*. Frankfurt a. M.: Fischer, 1987, S. 21

„Ich hatte mir einen Kammerdiener, einen Sekretär und sogar einen Kurier engagiert.

Zwar hatte ich absolut keine Verwendung für diese überflüssigen Statisten. Aber wenn selbst ein noch so waschechter Fürst ohne diese lächerliche Umgebung reiste und lebte, so würde ihn die idiotische große Menge doch zweifellos für einen ganz faulen Theaterprinzen halten. Und da ich einerseits nur ein Selfmade-Fürst war, andererseits aber es gerade auf diese Idioten abgesehen hatte, so musste ich mit den Wölfen heulen und ‚fürstlich' mit allem nötigen Tamtam auftreten. ...

Das Ganze machte auf Hotelpersonal und Publikum einen imposanten Effekt, und wenn ich nicht leider ein lebhaftes Gefühl für die lächerliche Seite solcher Maskeraden hätte, so würde ich damals vor mir selbst Respekt bekommen haben."[24]

Thomas Mann: Parallelen

In der autobiografischen Aufzeichnung *Süßer Schlaf* beschreibt Thomas Mann 1909 seine eigene Neigung zum Schlaf und zum Vergessen (vgl. *Bekenntnisse*, S. 12): *Süßer Schlaf*

„Man sagt mir, dass ich ein ruhiges Kind war, kein Schreihals und Störenfried, sondern dem Schlummer und Halbschlummer in einem den Wärterinnen bequemen Grade zugetan. Ich glaube es, denn ich erinnere mich, den Schlaf und das Vergessen geliebt zu haben zu einer Zeit, da ich noch kaum etwas zu vergessen hatte (...)"[25]

---

24 Ebd., S. 154 f.
25 Thomas Mann: *Süßer Schlaf*. In: ders.: Gesammelte Werke in dreizehn Bänden. Frankfurt a. M.: Fischer, 1990, Band XI, S. 334.

Lust am fantastischen Rollenspiel

Unter dem Titel *Kinderspiele* hat Thomas Mann 1904 seine kindliche Lust am fantastischen Rollenspiel festgehalten (vgl. *Bekenntnisse*, S. 14):

> „Aber ich darf sagen, ich bedurfte zum Spielen des Apparates nicht, sondern war mir mit stiller Genugtuung der unabhängigen Kraft meiner Fantasie bewusst, die nichts mir rauben konnte. Ich erwachte zum Beispiel eines Morgens mit dem Entschluss, heute ein achtzehnjähriger Prinz namens Karl zu sein. Ich kleidete mich in eine gewisse liebenswürdige Hoheit und ging umher, stolz und glücklich mit dem Geheimnis meiner Würde. (…) Übrigens brauchte es nicht immer ein Prinz zu sein, meine Rollen wechselten häufig."[26]

Gefaktes Geigenspiel

In dem folgenden Brief berichtet Thomas Mann, dass er als Kind in Travemünde mit zwei Stöcken ein Geigenspiel imitiert habe (vgl. *Bekenntnisse*, S. 22 f.):

> „Ich selbst bin, mit meiner ganzen Muskulatur, dem Rhythmischen zugänglich wie einer, – wenn ich auch als Kind vor dem Travemünder Musik-Tempel nicht den Takt schlug, sondern auf zwei Stöcken die Violine spielte, – mit so wunderbarem rechten Handgelenk, dass alle riefen, ich müsse ‚Stunde' haben. Die bekam ich auch, aber es wurde dann so gut wie nichts daraus."[27]

Lächerlichkeit des Militärischen

Die Zwanghaftigkeit und Lächerlichkeit der militärischen Hierarchie, die er als Einjährig-Freiwilliger kennengelernt hatte, beschreibt Thomas Mann in einem Brief an seinen Bruder Heinrich. Durch Verbindungen zu hochgestellten Medizinern konnte er seine Ausmusterung erwirken (vgl. *Bekenntnisse*, S. 90 ff.):

---

[26] Thomas Mann: *Kinderspiele*. In: ders.: Gesammelte Werke in dreizehn Bänden. Frankfurt a. M.: Fischer, 1990, Band XI, S. 328.
[27] Thomas Mann an Adolf Havlik, 29. 9. 1949. Zitiert nach: Wysling: *Thomas Mann I*, S. 322.

„Das Militärische: Meine Erinnerungen daran sind recht traum- und nebelhaft, es sind eigentlich Unwägbarkeiten, Atmosphärisches, was sich als Material nicht recht überliefern lässt, was ich aber ohne weiteres in die Zuchthaus-Episode des Hochstaplers werde transponieren können. Die Haupterinnerung ist das Gefühl rettungsloser Abgeschiedenheit von der zivilisierten Welt, eines furchtbaren äußeren Machtdruckes und, im Zusammenhang damit, eines außerordentlich erhöhten Genusses der inneren Freiheit. (…) Ich steckte mich hinter Mamas damaligen Arzt, Hofrat May, den ich im ‚Hochstapler‘ als Sanitätsrat Düsing benutzt habe, einen streberischen Esel, der mit meinem Ober-Stabsarzt befreundet war. (…) Nach einigen Tagen wurde von einem Reviergehülfen ein Abdruck meines Fußes auf geschwärztem Papier gemacht. Ich war im Lazarett auf ‚entzündlichen Plattfuß‘ behandelt worden, aber der Abdruck zeigte, dass von Plattfuß gar nicht die Rede sein konnte. (…) Die Szene war ausgezeichnet und ist für Deinen Roman [*Der Untertan*] sehr geeignet. Der Ober-Stabsarzt kommt, die Mütze auf dem Kopf, mit einem gewissen Aplomb [= Sicherheit im Auftreten, S. H. K.] herein, stellt sich vor dem Stabsarzt auf und blickt mit finsterer, strenger Miene auf dessen Mütze. Der Stabsarzt, der sonst sehr kollegial mit ihm zu verkehren gewohnt ist, nimmt verblüfft die Mütze herunter und steht stramm. Darauf zeigt ihm der Ober-Stabsarzt das Papier, spricht leise zu ihm und befiehlt ihm, irgendetwas zu sehen, was nicht da ist. Der Stabsarzt blinzelt abwechselnd den Vorgesetzten, mich und das Papier (an) und stimmt zu, indem er die Hacken zusammenzieht. Von Stund an war er sehr höflich gegen mich und behandelte mich als Herrn. Er wusste nun, dass ich höhere Verbindungen hatte. Nur amtlicher Formalitäten halber vergingen noch einige Wochen, dann war ich ‚draußen‘. Die amüsanteste Korruption."[28]

---

28 Thomas Mann an Heinrich Mann, 27. 4. 1912. Zitiert nach: Wysling: *Thomas Mann I*, S. 300 f.

Klage über
Hierarchieverlust

In dem Ausschnitt aus den *Betrachtungen eines Unpolitischen* aus dem Jahr 1918 macht Thomas Mann die Minderwertigkeit der „Herren" dafür verantwortlich, dass die „Diener" sich nicht mehr unterordnen wollen würden. Mann beklagt den Bedeutungsverlust der gesellschaftlichen Hierarchien, der damit einhergeht (vgl. *Bekenntnisse*, S. 231):

„Dass es keine Diener mehr gibt, liegt daran, dass es keine Herren mehr gibt, – will sagen keine solchen, denen zu dienen mit gutem aristokratischen Gewissen möglich ist. Wo die Rangordnung etwas durchaus Willkürliches, Momentanes und Unbegründetes ist, kommt der Instinkt des Dienen-wollens nicht mehr auf seine Kosten; und so steht es ja heute mit der Rangordnung allerdings."[29]

Welt als Wille und
Vorstellung

Dass die Welt ein Produkt des Willens und der Wille ein Produkt des Lebenstriebes sei, formuliert Thomas Mann 1938 im Anschluss an Schopenhauer:

„Der Wille war der letzte und nicht weiter reduzierbare Urgrund des Seins, die Quelle aller Erscheinungen, der in jeder einzelnen von ihnen vorhandene und wirksame Hervorbringer, Hervortreiber der ganzen sichtbaren Welt und allen Lebens, – denn er war der Wille zum Leben. (…)
    In einer Welt, die ganz und gar das Werk des Willens, des absoluten, unmotivierten, grund- und wertungslosen Lebenstriebes war, kam selbstverständlich dem Intellekt nur die zweite Stelle zu."[30]

---

[29] Thomas Mann: *Betrachtungen eines Unpolitischen*. In: ders.: Gesammelte Werke in dreizehn Bänden. Frankfurt a. M.: Fischer, 1990, Band XII, S. 484.
[30] Thomas Mann: *Schopenhauer*. In: ders.: Gesammelte Werke in dreizehn Bänden. Frankfurt a. M.: Fischer, 1990, Band IX, S. 536–539.

Paralleltexte anderer Autoren

Die wahrhaftige Beschreibung seines eigenen Lebens gibt Rousseau als Programm seiner *Bekenntnisse* (1782) an. Die Vorzüglichkeit seiner Person soll seine Autobiografie rechtfertigen:

„Ich allein"

„Ich beginne ein Unternehmen, das ohne Beispiel ist und das niemand nachahmen wird. Ich will meinesgleichen einen Menschen in der ganzen Naturwahrheit zeigen, und dieser Mensch werde ich sein. Ich allein. Ich lese in meinem Herzen und kenne die Menschen. Ich bin nicht wie einer von denen geschaffen, die ich gesehen habe; ich wage sogar zu glauben, dass ich nicht wie einer der Lebenden gebildet bin. Wenn ich nicht besser bin, so bin ich wenigstens anders. (…) Mag die Trompete des Jüngsten Gerichts wann immer erschallen, ich werde mit diesem Buch in der Hand mich vor den obersten Richter stellen. Ich werde laut sagen: ‚So tat ich, so dachte ich, so war ich! Ich habe das Gute und das Böse mit dem gleichen Freimut erzählt. Ich habe nicht Schlimmes verschwiegen, nichts Gutes zugesetzt, und wenn es mir manchmal begegnete, dass ich einen bedeutungslosen Zierrat verwandte, so geschah es nur, um eine Lücke zu füllen, die mir mangelnde Erinnerung verursachte.'"[31]

Der junge Bürger Wilhelm, dessen Ziel es ist, „mich selbst, ganz wie ich da bin, auszubilden", ist der Protagonist von Goethes Bildungsroman *Wilhelm Meisters Lehrjahre* (1795–96). Durch seine Geliebte, die Schauspielerin Mariane, lernt Wilhelm das Leben der Schauspieler kennen. Er wird desillusioniert, weil deren privates Leben im krassen Gegensatz zu den Rollen steht, die sie auf der Bühne spielen (vgl. *Bekenntnisse*, S. 35):

Wilhelm Meisters
Desillusionierung

---

31 Jean-Jacques Rousseau: *Die Bekenntnisse*. Übertragen von Alfred Semerau. München: Winkler, 1978, S. 9.

„Wie glücklich pries er [Wilhelm, S. H. K.] daher in früheren Zei-
ten den Schauspieler, den er im Besitz so mancher majestätischen
Kleider, Rüstungen und Waffen und in steter Übung eines edlen
Betragens sah, dessen Geist einen Spiegel des Herrlichsten und
Prächtigsten, was die Welt an Verhältnissen, Gesinnungen und Lei-
denschaften hervorgebracht, darzustellen schien. Ebenso dachte
sich Wilhelm auch das häusliche Leben eines Schauspielers als eine
Reihe von würdigen Handlungen und Beschäftigungen, davon die
Erscheinung auf dem Theater die äußerste Spitze sei, etwa wie ein
Silber, das vom Läuterfeuer lange herumgetrieben worden, end-
lich farbigschön vor den Augen des Arbeiters erscheint und ihm
zugleich andeutet, dass das Metall nunmehr von allen fremden Zu-
sätzen gereiniget sei.
   Wie sehr stutzte er daher anfangs, wenn er sich bei seiner Geliebten befand und durch den glücklichen Nebel, der ihn umgab, ne-
benaus auf Tisch, Stühle und Boden sah. Die Trümmer eines augen-
blicklichen, leichten und falschen Putzes lagen, wie das glänzende
Kleid eines abgeschuppten Fisches, zerstreut in wilder Unordnung
durcheinander. (…)"[32]

Goethes
Begabung für
Fremdsprachen

Goethe berichtet in seiner Autobiografie, dass er eine besondere
Begabung für Fremdsprachen gehabt habe. Auch ohne eine Spra-
che gelernt zu haben, habe er sich in ihr unterhalten können (vgl.
Bekenntnisse, S. 154):

„Nun aber scheint es nötig, umständlicher anzuzeigen und begreif-
lich zu machen, wie ich mir in solchen Fällen in der französischen
Sprache, die ich doch nicht gelernt, mit mehr oder weniger Bequem-

---

32 Goethe: *Wilhelm Meisters Lehrjahre*. 1. Buch, 15. Kapitel. In: ders.: Werke. Hamburger Ausgabe
    in vierzehn Bänden. München: dtv, 1998, Band IX, S. 58 f.

lichkeit durchgeholfen. Auch hier kam mir die angeborne Gabe zustatten, dass ich leicht den Schall und Klang einer Sprache, ihre Bewegung, ihren Akzent, den Ton und was sonst von äußern Eigentümlichkeiten fassen konnte. Aus dem Lateinischen waren mir viele Worte bekannt; das Italienische vermittelte noch mehr, und so horchte ich in kurzer Zeit von Bedienten und Soldaten, Schildwachen und Besuchen so viel heraus, dass ich mich, wo nicht ins Gespräch mischen, doch wenigstens einzelne Fragen und Antworten bestehen konnte."[33]

Malte Laurids Brigge, der Ich-Erzähler des Romans von Rainer Maria Rilke aus dem Jahr 1910, hat große Freude am Verkleiden. Er beschreibt, wie ihn die Verkleidungen beherrschen und verändern. In der Verschiedenheit der Kostüme erlebt Malte seine Identität (vgl. *Bekenntnisse*, S. 25–27):

Kleidung erzeugt Identität

„Ich lernte damals den Einfluss kennen, der unmittelbar von einer bestimmten Tracht ausgehen kann. Kaum hatte ich einen dieser Anzüge angelegt, musste ich mir eingestehen, dass er mich in seine Macht bekam; dass er mir meine Bewegungen, meinen Gesichtsausdruck, ja sogar meine Einfälle vorschrieb; meine Hand, über die die Spitzenmanschette fiel und wieder fiel, war durchaus nicht meine gewöhnliche Hand; sie bewegte sich wie ein Akteur, ja, ich möchte sagen, sie sah sich selber zu, so übertrieben das auch klingt. Diese Verstellungen gingen indessen nie so weit, dass ich mich mir selber entfremdet fühlte; im Gegenteil, je vielfältiger ich mich abwandelte, desto überzeugter wurde ich von mir selbst."[34]

---

33 Goethe: *Dichtung und Wahrheit*. In: ders.: Werke. Hamburger Ausgabe in vierzehn Bänden. München: dtv, 1998, Band IX. S. 90.
34 Rainer Maria Rilke: *Malte Laurids Brigge*. In: ders.: Werke in sechs Bänden. Frankfurt a. M.: Insel, 1986, Band III, S. 204.

Aktualität !

Aktuelle Bezüge

Renaissance der Subjektivität

What?

Der Soziologe Ulrich Beck hat sich u. a. durch sein Buch über die *Risikogesellschaft* (1986) einen Namen als Analytiker gesellschaftlicher Entwicklungen gemacht. In dem Aufsatz *Freiheit oder Liebe* (1990) beschreibt Beck „eine Renaissance enormer Subjektivität". In der Industriegesellschaft müsse sich jedes Individuum gegen die anderen durchsetzen, um wie ein Regisseur das eigene Leben planen und gestalten zu können.

„Es [das Individuum] ist (...) der zur Wahlfreiheit verdammte Inszenator seines Lebenslaufs. In der individualisierten Gesellschaft muss der Einzelne bei Strafe seiner permanenten Benachteiligung lernen, sich selbst als Handlungszentrum, als Planungsbüro in Bezug auf die Möglichkeiten und Zwänge seines Lebenslaufs zu sehen. ‚Gesellschaft' **muss** unter den Bedingungen des herzustellenden Lebenslaufs als eine ‚Variable' begriffen werden, die individuell gehandhabt werden kann. (...)

Gefordert ist ein aktives Handlungsmodell des Alltags, das das Ich zum Zentrum hat, ihm Handlungschancen zuweist und eröffnet und auf diese Weise erlaubt, die aufbrechenden Gestaltungszwänge und Entscheidungsmöglichkeiten in Bezug auf den eigenen Lebenslauf sinnvoll zu kontrollieren. Das bedeutet, dass sich hier unter der Oberfläche intellektueller Spiegelfechtereien für die Zwecke des eigenen Überlebens ein ichzentriertes Weltbild entwickelt, das das Verhältnis von Ich und Gesellschaft sozusagen auf den Kopf stellt und für die Zwecke der individuellen Lebenslaufgestaltung handhabbar denkt und macht."[35]

---

35 Ulrich Beck: *Freiheit oder Liebe*. In: Beck/Beck-Gernsheim (Hrsg.): Das ganz normale Chaos der Liebe, Frankfurt: Suhrkamp, 1990, S. 58 f.

Mit klangvollen Namen und einem aristokratisches Auftreten hat sich ein selbstbewusster Hochstapler ein Luxusleben erschlichen, wie die Süddeutsche Zeitung meldet:

Moderner Felix Krull

„Düsseldorf (dpa) – Eine moderne Version des Hochstaplers Felix Krull hat in Düsseldorf als ‚Fürst zu Sayn-Wittgenstein zu Berleburg' monatelang die honorige Gesellschaft genarrt und soll mehr als 100 000 Euro Schaden verursacht haben. Am 21. Geburtstag des vorbestraften Berliners bereitete die Polizei dem Treiben ein Ende. Der Schulabbrecher hatte sich als ‚Durchlaucht' anreden lassen, ohne Ausweis Konten eröffnet und in teuren Hotels diniert. Die ‚besseren Kreise' und auch renommierte Bankhäuser hätten sich von Habitus und Adelstitel blenden lassen, berichtete die Polizei. In nur zwei Monaten hatte es der mittellose Hochstapler zu zwei luxuriös eingerichteten Wohnungen gebracht. Unter anderem fuhr er teure Autos zur Probe, hatte sich bei einem Juwelier Siegelringe des Fürstenhauses bestellt und kaufte für tausende Euro in teuren Boutiquen ein. Außerdem hatte er in Fünf-Sterne-Hotels Partys arrangiert. Schon in Berlin hatte sich der verurteilte Urkundenfälscher mal als Polizist, mal als Arzt ausgegeben. Danach hatte er sich nach Düsseldorf abgesetzt. Erst als ihn die Berliner Behörden suchen ließen und zufällig auf teure Warensendungen an den falschen Adeligen stießen, flog er auf. Als seine Chauffeurin die Pakete bei der Post abholen wollte, wartete bereits die Polizei."[36]

Anlässlich des Bilanzskandals um den ehemaligen Dax-Konzern Wirecard im Jahr 2020 räsonierte die FAZ-Redakteurin Melanie Mühl über den Unterschied zwischen Hochstaplern und Betrügern:

---

36 Süddeutsche Zeitung, 26. 10. 2005, S. 12.

Hochstapler oder
Betrüger?

„Hochstapler oder Betrüger – das ist ein bedeutender Unterschied, denn die Kategorie, in die der Täter fällt, entscheidet darüber, ob wir mit ihm trotz (beziehungsweise wegen) seiner Taten sympathisieren, ihn gar heimlich für seine Kunst der Täuschung bewundern und ein bisschen schadenfroh auf die Geschädigten blicken, oder ob wir ihn verachten.

Die Grenze zwischen Hochstapler und Betrüger verschwimmt natürlich, denn ohne hochstaplerische Fähigkeiten kommt auch der Betrüger nicht weit. Ein in verschiedenen Definitionen genannter Anhaltspunkt ist die Rolle des Geldes. Je stärker die finanzielle Bereicherung im Vordergrund steht, desto mehr tritt das Hochstaplerische in den Hintergrund.

Thomas Manns Felix Krull, der seine Mitmenschen von Kindesbeinen an hinters Licht führt und als Erwachsener perfekt den Marquis de Venosta gibt, würde sich wohl niemals auf eine Stufe mit den Wirecard-Betrügern Markus Braun und dem flüchtigen Jan Marsalek stellen. In einer Szene des Romans *Bekenntnisse des Hochstaplers Felix Krull* sagt Krull: ,Ich hatte die Natur verbessert, einen Traum verwirklicht, – und wer je aus dem Nichts, aus der bloßen inneren Kenntnis und Anschauung der Dinge, kurz: aus der Phantasie, unter kühner Einsetzung seiner Person eine zwingende, wirksame Wirklichkeit zu schaffen vermochte, der kennt die wundersame und träumerische Zufriedenheit, mit der ich damals von meiner Schöpfung ausruhte.' Ähnlich dürfte sich Deutschlands bekanntester Hochstapler Gert Postel, von Beruf Postbote, nach jedem Arbeitstag als Oberarzt in der psychiatrischen Abteilung eines sächsischen Krankenhauses gefühlt haben. Immerhin saß Postel, der 39 Mitbewerber aus dem Rennen schlug, gut eineinhalb Jahre im Chefsessel, schrieb Rezepte, entließ Patienten als gesund, hielt Vorträge und sprach vor Fachpublikum von Krankheitsbildern, die gar nicht existieren, wie der ,bipolaren Depression dritten Grades'. Der Titel seines Antrittsvortrags lautete: *Die Pseudologia phantastica am lite-rarischen Beispiel der Figur des Felix Krull im gleichnamigen Roman von Thomas Mann.* Postel agierte so unverfroren selbstbewusst und rhetorisch geschmeidig, dass niemand auf die Idee kam, er könne etwas anderes als einen Psychiater vor sich haben. Und so flog er auch nur deshalb auf, weil sich die Eltern einer Assistenzärztin bei einem Besuch an den Namen Postel erinnerten. Verurteilt wurde er schließlich wegen mehrfachen Betruges, Urkundenfälschung, Täuschung und Missbrauch akademischer Titel zu einer vierjähri-gen Haftstrafe.

(…) Für den Hochstapler wie den Betrüger gilt: Je monströser die Lüge, desto eher sitzt die Umwelt ihr auf. Angst ist beiden fremd. Im Falle des Hochstaplers genügt es allerdings nicht, eine Rolle nur sehr gut zu spielen, der Hochstapler muss sich mit Haut und Haar in den Gespielten verwandeln, das Fremde zum Eigenen machen, die Lüge zur Wahrheit. Der Postbote Gert Postel musste verschwinden, damit der Psychiater Gert Postel auftauchen konnte. In diesem Sinne ist der Hochstapler ein Alchemist: Er selbst ist der Stoff, den er verwandeln will. Ganz anders der Betrüger: Er bleibt im Grunde immer er selbst."[37]

---

37 Melanie Mühl: *Lügen, bis die Balken brechen.* In: Frankfurter Allgemeine, 27. 8. 2020.

6. PRÜFUNGSAUFGABEN MIT MUSTERLÖSUNGEN

Unter www.königserläuterungen.de/download finden Sie im Internet zwei weitere Aufgaben mit Musterlösungen.

Die Zahl der Sternchen bezeichnet das Anforderungsniveau der jeweiligen Aufgabe.

Aufgabe 1 ***

1. Geben Sie die wesentlichen Aussagen aus Paolo Bianchis gesellschaftskritischem Essay *Erkenne dich selbst!* (Textauszug s. u.) zu Formen und Bedeutung von Selbstdarstellung und Selbstinszenierung in unserer gegenwärtigen Gesellschaft in eigenen Worten wieder.
2. Untersuchen Sie, inwiefern Bianchis Beschreibungen der gesellschaftlichen Wirklichkeit auf Thomas Manns Romanfigur Felix Krull zutreffen.

TEXTAUSZUG

Paolo Bianchi: *Erkenne dich selbst!* (2006)

„Unsere Welt ist eine inszenierte Realität. In diesem (Schau-)Spiel sind wir Figuren. Dabei kommen wir ohne Rollen nicht aus. (…)

Der Selbstdarsteller performt als Spötter und Spaßvogel, als Weiser und Prophet. Er führt ein ästhetisches Dasein: zwischen narzisstischer Selbstbespiegelung und kritischer Selbstreflexion, zwischen Selbstsuche und Selbstsucht, zwischen Selbstfindung und Selbsterfindung. Die Devise lautet: Es ist Zeit, sich mit sich selbst zu beschäftigen. (…)

So wie in der Medienwelt die Macht der Bilder von großer Bedeutung ist, steht in der Lebenswelt die Macht des Selbst im Zentrum. Diese wird von raffinierten Narzissten öffentlich so geschickt inszeniert, dass Neugier allemal geweckt ist. Man möchte andere Personen durchblicken und sich selbst darin gespiegelt sehen. Selbstdarstellungen sind immer auch Spiegelbilder der jeweiligen Gesellschaft und ihrer Zeit, der Politik respektive der Kunst.

Vom Zeitgeist belohnt, bleibt für Selbstdarsteller in Film, Literatur, Pop, Politik, Wirtschaft, Lifestyle, Mode, Sport oder Kunst nur noch die Frage nach der richtigen Selbstinszenierung. Der Aufmerksamkeitsvirus hat flächendeckende Präsenz: eitle Bohemiens, mittelmäßige Schauspieler, ruhmsüchtige ‚Superstars' oder dumpfe Kleinbürger, alle zappeln sie an den kurzen Fäden der herrschenden Medienverhältnisse. Diva und Primadonna gehören vergangenen Zeiten an, jetzt boomt der Hang zur Selbstdarstellung, ein Wettstreit darum, wer sich größter Kommunikator nennen darf.

Die ästhetischen Konzepte einer hedonistisch geprägten Gesellschaft lauten: Selbstfeier, Selbststilisierung, Selbstinszenierung. Das rastlose Ausprobieren von Rollen und Identitäten rückt das Ich immer mehr aus seinem Zentrum. Die Suche nach dem wahren Selbst hat etwas von der Jagd nach einem Phantom. Bleibt der Mensch nur ein Schausteller seiner selbst, immer wieder neue Rollen einübend, sich und die anderen ertragend trotz Widersprüchen und Paradoxien? Gnothi seauton – das ‚Erkenne dich selbst', jene Aufforderung zur Selbstbesinnung am Apollontempel in Delphi wirkt mit seiner Autorität bis heute nach. So unübersehbar Einfluss und Wirkung der uralten Losung sein mag, so dunkel und ungeklärt bleibt die Aufgabe, die damit gestellt ist: Wer bin ich? Der Mensch bleibt, was ihn selbst und sein Dasein betrifft, nach wie vor ein existenzieller Dilettant. Bin ich derselbe vom Säugling bis zum Greis? Bleibt mir etwas an Konstanz lebenslänglich erhalten? Ein Leben ohne Selbsterforschung, meinte Platon, verdient es nicht gelebt zu werden."[38]

Mögliche Lösung in knapper Fassung

ANALYSE

zu 1) Paolo Bianchi geht davon aus, dass Selbstinszenierung ein zentraler Bestandteil unseres heutigen Lebens ist: Viele Menschen lebten auf eine Weise, die er wie das Schauspiel auf einer Theaterbühne auffasst. Die Menschen verhielten sich wie Künstler, die ihre Erscheinung wie ein Kunstwerk mit Blick auf die Wirkung für andere gestalten. Zugleich hätten Menschen das Bedürfnis, die Selbstdarstellung anderer zu durchschauen und sich in den Inszenierungen anderer zu entdecken. Selbstdarstellungen seien Spiegelbilder der jeweiligen gesellschaftsgeschichtlichen Umstände. Bianchi diagnostiziert eine Veränderung der Selbstinszenierung, die er auf einen medialen Wandel zurückführt: Während früher große Schauspieler und Künstler verehrt und bewundert worden seien, führten nun auch alle Alltagsmenschen einen Wettkampf um die größte mediale Reichweite der eigenen medialen Inszenierung auf. Wenn das Ausprobieren unterschiedlichster Rollen selbstverständlicher und akzeptierter Teil der Persönlichkeit sei, werde das Ich als Kern der individuellen Persönlichkeit, das wahre Selbst, immer unklarer. Die schon in der Antike gestellte Frage „Wer bin ich?" bekomme durch das Rollenspiel im Medienzeitalter eine existenzielle Bedeutung.

INTERPRETATION

zu 2) Paolo Bianchi problematisiert vor dem Hintergrund allgegenwärtiger Selbstinszenierungen in der Mediengesellschaft den Ver-

---

38 Kunstforum, Bd. 181, 2006, S. 40–45; https://www.kunstforum.de/artikel/erkenne-dich-selbst/ (Stand: April 2021).

lust von authentischer Persönlichkeit. Das Selbst drohe verlorenzu-
gehen, wenn Menschen nur noch aus ihrer Erscheinung bzw. ihre
Bedeutung nur noch in ihrer Wirkung auf andere besteht. Das Verhältnis seiner Erscheinung und seiner authentischen Persönlichkeit
ist auch für Felix Krull ein Thema. Nach seinem Rollentausch mit
dem Marquis de Venosta erklärt er: „Verkleidet also war ich in jedem Fall, und die unmaskierte Wirklichkeit zwischen den beiden
Erscheinungsformen, das Ich-selber-Sein, war nicht bestimmbar,
weil tatsächlich nicht vorhanden." (S. 238) Anders als Bianchi findet
Krull diesen Schwebezustand zwischen verschiedenen Persönlich-
keiten ohne eine verbindliche Antwort auf die Frage „Wer bin ich
wirklich?" gar nicht so schlimm. Es ist vielmehr seine universa-
le Wandlungs- und Anpassungsfähigkeit, die den Kern von Felix
Krulls Persönlichkeit ausmacht. Sein Wesen, seine authentische
Persönlichkeit besteht in der Verwandlung und Anpassung an die
jeweilige Situation. Seine große Freude am Rollenspiel zeigt sich
schon bei seiner täuschenden Darbietung als geigendes Wunderkind oder auch bei den Kostümproben bei seinem Paten, dem Maler
Schimmelpreester. Felix Krull kontrolliert selbst solche Körperfunktionen, die normalerweise unwillkürlich ablaufen. Er studiert den
Dresscode und die Sprechweise elitärer Gesellschaftsgruppen, um
beides souverän zu imitieren. Sein Selbst besteht nach seiner eigenen Auffassung gerade in dieser Wandlungsfähigkeit, in einer
universellen Veranlagung (vgl. S. 154).

Indem Felix Krull Rollen spielt und anderen als der erscheint, der
er gerade sein möchte oder den sie in ihm sehen wollen, erfüllt sich
seine Bestimmung. Diese liegt darin, sein Leben aus der Freiheit
seiner Fantasie zu gestalten wie ein Künstler sein Kunstwerk. Nachdem er seiner Mutter erfolgreich eine Krankheit vorgetäuscht hat,
um nicht in die Schule gehen zu müssen, erklärt Felix in der Rückschau: „Ich hatte die Natur verbessert, einen Traum verwirklicht, –

und wer je aus dem Nichts, aus der bloßen inneren Kenntnis und Anschauung der Dinge, kurz: aus der Phantasie, unter kühner Einsetzung seiner Person eine zwingende, wirksame Wirklichkeit zu schaffen vermochte, der kennt die wundersame und träumerische Zufriedenheit, mit der ich damals von meiner Schöpfung ausruhte." (S. 43) Diese gottähnliche Freiheit (im Alten Testament ruhte Gott am siebten Tag seiner Schöpfung) seiner Fantasie steht für Felix zeitlebens über allem. Dieser besondere „Freiheitsdrang" ist auch der Grund, warum Felix auf die attraktiven Angebote einer reichen Heirat bzw. der Adoption durch einen Adeligen verzichtet: „zugunsten des freien Traumes und Spieles, selbstgeschaffen und von eigenen Gnaden, will sagen: von Gnaden der Fantasie" (S. 229).

Neben dieser Wandlungsfähigkeit als Kern seiner Persönlichkeit ist Felix Krull davon überzeugt, seinen Zeitgenossen in vielerlei Hinsicht persönlich überlegen zu sein. Er sei ein „Vorzugskind des Himmels" (S. 13). Er will seine Leser:innen davon überzeugen, dass es eben nicht nur seine prächtige Ausstattung ist, deretwegen ihm sein angeblicher Adel abgenommen wird. Nur weil er im Kern seines Wesens echten Adel besitze, könne er als überlegen erscheinen: „Nach meiner Theorie wird jede Täuschung, der keinerlei höhere Wahrheit zugrunde liegt und die nichts ist als bare Lüge, plump, unvollkommen und für den erstbesten durchschaubar sein. Nur der Betrug hat Aussicht auf Erfolg und lebensvolle Wirkung unter den Menschen, der den Namen des Betrugs nicht durchaus verdient, sondern nichts ist als die Ausstattung einer lebendigen, aber nicht völlig ins Reich des Wirklichen eingetretenen Wahrheit mit denjenigen materiellen Merkmalen, deren sie bedarf, um von der Welt erkannt und gewürdigt zu werden." (S. 39) Während er sich selbst überhöht, wertet er andere ab, wie es in seiner Variation der Redewendung „Kleider machen Leute" zum Ausdruck kommt:

„‚Kleider machen Leute, Marquis, – oder besser wohl umgekehrt: Der Mann macht das Kleid.'" (S. 242) In der Art, wie Felix Krull sich und seine Erscheinung kontinuierlich selbstoptimiert, passt er hervorragend in unsere Zeit der (medialen) Selbstdarstellung. Er ist in gewisser Weise ein Prototyp für die Kultur der Selbstinszenierung im Sinne Bianchis. Anders als Bianchi problematisiert, vergisst Felix Krull dabei jedoch nicht, wer er ist: In seiner hierarchischen Welt verschafft ihm die Selbstinszenierung die Freiheit, die er als Kern seiner Persönlichkeit ansieht.

Aufgabe 2 **

1. Geben Sie wieder, wie der Hochstapler Georges Manolescu in seiner Autobiografie seinen Lebensplan erklärte (vgl. S. 102 ff. dieser Erläuterung).
2. Vergleichen Sie Motivation und Selbstverständnis des historischen Hochstaplers Georges Manolescu mit dem fiktiven Hochstapler Felix Krull.

Mögliche Lösung in knapper Fassung

zu 1) In seiner Autobiografie *Gescheitert* erklärt Georges Manolescu, dass er im Alter von 17 Jahren den Plan gefasst habe, reich zu werden. Weil er nicht adlig ist, erscheint ihm die Ehe mit einer Frau aus einer reichen, adligen Familie als einziger Weg, sein Ziel zu erreichen. Sein Vorbild für diesen Plan ist die Begegnung mit einem Adligen aus einer verarmten Familie. In den vornehmen Kreisen sei dieser beliebt gewesen. Durch die Ehe mit der Tochter eines Marquis hätte er seinen Bankrott in letzter Sekunde verhindern können. In seiner Beschreibung fällt auf, dass Manolescu den adligen und reichen Menschen besondere persönliche Qualitäten abspricht: Den jungen Adligen hält er für dumm, der Vater von dessen

VERGLEICH

Braut führe ein ausschweifendes Leben. Manolescu beklagt in Bezug auf dieses Beispiel die Ungerechtigkeit der Welt und den Zufall des Schicksals bei der Verteilung von Reichtum und persönlichen Gaben.

zu 2) Mehrmals schlägt Felix Krull Gelegenheiten aus, durch Heirat bzw. Adoption zu Reichtum zu kommen: Eleanor Twentyman, Tochter aus reicher Familie, will den Kellner Felix heiraten. Und der melancholische, kinderlose und offenbar homosexuelle Lord Kilmarnock bietet Felix an, ihn durch Adoption zum Erben seines Vermögens zu machen. Felix schlägt diese beiden Angebote eines bequemen, sorgenfreien Lebens im Wohlstand aus, weil es ihm nicht (nur) um Reichtum geht, sondern um seine Erfüllung in der Freiheit der Fantasie. Er verzichtet auf die Beziehungsangebote „(...) zugunsten des freien Traumes und Spieles, selbstgeschaffen und von eigenen Gnaden, will sagen: von Gnaden der Phantasie (...)" (S. 229). In dieser stolzen Ablehnung materieller Sicherheit zeigt sich ein zentraler Unterschied zwischen dem historischen Hochstapler Manolescu und der Romanfigur Felix Krull: Während die Hochstapelei für den unterprivilegierten Manolescu ein Mittel des gesellschaftlichen Aufstiegs und der Verbesserung seiner Lebensumstände ist, präsentiert Thomas Mann seinen Felix Krull als eine Figur, die höhere Ziele verfolgt, deren Hochstapelei ein intelligentes Spiel und Ausdruck künstlerischer Freiheit ist.

Eine Ähnlichkeit beider Hochstapler besteht in ihrem abschätzigen Blick auf die höhere Gesellschaft: Manolescu beschreibt die Adligen als dumm und moralisch verdorben. Gesellschaftlicher Status korrespondiere nicht mit persönlichen Vorzügen, sondern der Zufall der Geburt, die familiäre Herkunft und die damit verbundene Zugehörigkeit zu einer Clique weise die Plätze in der gesellschaftlichen Hierarchie zu. Dass der gesellschaftlich privilegierte Adel aus ganz normalen Menschen ohne besondere Vorzüglichkeit des Charakters bestehe, ist auch die Auffassung von Felix Krull, die Thomas Mann ihm sehr pointiert in die Feder legt: „Es war der Gedanke der *Vertauschbarkeit*. Den Anzug, die Aufmachung gewechselt, hätten sehr vielfach die Bedienenden ebenso gut Herrschaft sein und hätte so mancher von denen, welche, die Zigarette im Mundwinkel, in den tiefen Korbstühlen sich rekelten – den Kellner abgeben können. Es war der reine Zufall, dass es sich umgekehrt verhielt – der Zufall des Reichtums; denn eine Aristokratie des Geldes ist eine vertauschbare Zufallsaristokratie." (S. 231) Hier ist eine grundsätzliche Kritik an einer aristokratischen Gesellschaftsordnung enthalten, die Menschen durch Geburt eine gesellschaftliche Vorzugsstellung gibt. Entgegen diesem aristokratischen Gesellschaftsmodell postulieren die Hochstapler Manolescu und Felix Krull implizit die Gleichheit der Menschen.

Aufgabe 3 **

1. Erläutern Sie Nietzsches These: „(…) und das Leben ist nun einmal nicht von der Moral ausgedacht: es will Täuschung, es lebt von der Täuschung (…)" (Friedrich Nietzsche: *Menschliches, Allzumenschliches. Werke I.* Darmstadt: Wissenschaftliche Buchgesellschaft, 1997, S. 438)
2. Erörtern Sie durch die Interpretation ausgewählter Textstellen, inwiefern Nietzsches These den Erfolg von Felix Krull erklärt.

Mögliche Lösung in knapper Fassung

zu 1) In seiner These unterscheidet Friedrich Nietzsche das Ideal eines moralischen Lebens, das den Prinzipien Wahrheit und Sein

VERGLEICH

verpflichtet ist, von Schein und Täuschung. Er postuliert, dass sich das Leben nicht an der Moral, sondern an der Täuschung ausrichte. Er spitzt den Gedanken so weit zu, dass er Täuschung sogar zur Quelle des Lebens erklärt. Unter Täuschung versteht man die Verwechslung von Schein und Sein. Es wird etwas für wahr gehalten, das nicht wahr ist. Nietzsche ist der Auffassung, dass nicht die Moral, das Gute, Wahre und Schöne, der zentrale Bezugspunkt des Lebens sei, sondern gerade das Gegenteil. Was meint Nietzsche mit der Behauptung, dass das Leben von der Täuschung lebe?

Unser Alltag ist in gewissem Sinn voller Lügen: Da wird auch Menschen Guten Tag gesagt, denen man insgeheim nichts Gutes wünscht. Aus Höflichkeit behalten wir das kritische Urteil über die neue Frisur eines Freundes lieber für uns. Und beim Lesen oder Serienschauen träumen wir uns aus der Realität in erfundene Welten mit fiktiven Figuren. In dieser Hinsicht scheint Nietzsches These berechtigt zu sein.

Authentizität, Aufrichtigkeit und Verlässlichkeit sind auf der anderen Seite aber auch Fundamente des Zusammenlebens. Wer von einem Freund in wichtigen Fragen getäuscht wurde, wird dem Freund zukünftig nicht mehr vertrauen oder sich seinerseits nicht mehr an das Gebot der Aufrichtigkeit gebunden fühlen. Damit kann die gesamte Freundschaft infrage gestellt sein. Wieviel Aufrichtigkeit verträgt das Leben und wieviel Täuschung braucht es? Nietzsche urteilt, dass die Täuschung für das Leben relevanter sei als die Moral. Er stellt das wie einen unumstößlichen Grundsatz fest, beurteilt diese Erkenntnis aber nicht.

zu 2) Nietzsches Gedanke ist nicht neu: „die wellt die will betrogen syn" formulierte Sebastian Brant schon am Ende des 15. Jahrhunderts. Der Erfolg des Hochstaplers Felix Krull in Thomas Manns Roman bestätigt diese Lebensweisheit. Seine angenehme Erscheinung öffnet ihm die Herzen seiner Mitmenschen. Seine Täuschungen sind erfolgreich, weil viele gerne bereit sind, in Felix den zu sehen, den er ihnen vorspielt und den sie in ihm sehen wollen. Die Kurgäste begeistern sich für das geigende Wunderkind. Der betrügerische Auftritt öffnet Felix die zuvor verschlossenen Kreise der adeligen und wohlsituierten Kreise. Diane Philibert Houpflé zieht aus dem täuschenden Spiel um Diebstahl und Unterordnung erotisches Vergnügen. Der junge Marquis de Venosta geht davon aus, dass Felix aus einer wohlhabenden Familie stammt, weil er ihn in feiner Garderobe in einem vornehmen Restaurant antrifft. Er legt sich sofort eine Geschichte zurecht, die den Auftritt des Kellners Krull als vornehmer Herr erklärt. Er kommt sich dabei besonders scharfsinnig vor. Sogar jene, die damit rechnen, getäuscht zu werden, gehen Felix auf den Leim: Den Sanitätsrat Düsing überzeugt Felix von seiner Krankheit, indem er seine Simulation weitertreibt, obwohl der Arzt bereit ist, ihn augenzwinkernd schulkrank zu schreiben. Die besonders skeptische Musterungskommission wird von Felix getäuscht, indem er der Erwartung scheinbar zuwiderhandelt: Die Kommission rechnet mit Drückebergern. Felix spielt für sein Ziel der Ausmusterung aber entgegen jeder Erwartung einen Kranken, der unbedingt zum Militär gehen will. Felix' Spiel ermöglicht der Kommission den scheinbaren Triumph, einen Geisteskranken ausgemustert zu haben. Die Welt kann betrogen werden, sogar wenn sie besonders skeptisch ist. Dann muss der Betrüger mehr zu bieten haben als ein gefälliges Auftreten und Schmeichelei.

Aufgabe 4 *

Karl Roßmann, Protagonist von Franz Kafkas Romanfragment *Der Verschollene* (entstanden zwischen 1911 und 1914, erschienen 1927), und Thomas Manns Hochstapler Felix Krull arbeiten beide in Hotels als Liftboys, Rossmann im Hotel Occidental an der Ostküste der USA, Krull im Hotel St. James and Albany in Paris.

1. Vergleichen Sie die Figuren Karl Roßmann und Felix Krull sowie ihr jeweiliges Arbeitsumfeld als Liftboy im Hotel.
2. Untersuchen Sie, wie sich aus der Perspektive eines Fahrstuhlführers die jeweiligen gesellschaftlichen Verhältnisse darstellen.
3. Deuten Sie den Fahrstuhl als Symbol für den (illusionären?) Traum von sozialer Mobilität in der Klassengesellschaft der Vorkriegszeit.

Mögliche Lösung in knapper Fassung

VERGLEICH

zu 1) Beim Vergleich der Arbeit von Karl Roßmann im Hotel Occidental und Felix Krull im Hotel St. James and Albany fällt vor allem eine Reihe von Parallelen auf: Die Arbeitsbedingungen sind hart und von strenger Hierarchie geprägt. Unter den Angestellten gibt es kaum Solidarität. Kafkas Roßmann wird von Rennel ausgenutzt. Thomas Manns Krull denunziert seinen Kollegen Eustache und muss sich seinerseits gegen den durchtriebenen Stanko behaupten. Als Liftboys stehen beide Figuren auf der untersten Stufe der Hotelhierarchie, aber beide sehen diesen Dienst als Eintrittskarte, als Durchgangsstation auf einer Laufbahn. Während Roßmann aber entlassen wird, weil er seinen alten Weggefährten Robinson aus Hilfsbereitschaft im Schlafsaal der Liftboys versteckt hat, ist der Fahrstuhldienst für Felix Krull tatsächlich der Beginn seines kometenhaften Aufstiegs. Im Fahrstuhl trifft er mit Gästen zusammen, die er durch seine Schönheit und sein Auftreten für sich einnimmt. Im Lift trifft er erneut mit Diane Philibert Houpflé zusammen, die sich bei einem anschließenden Rendezvous in erotischer Absicht von ihm bestehlen lässt. Der Erlös aus dem Verkauf des Schmucks bildet den Grundstock seines elegantes Doppellebens. Aber nicht nur in dieser Hinsicht bringt der Fahrstuhl Felix auch in übertragener Bedeutung weiter nach oben: Weil er den Gästen so gut gefällt, darf er im Speisesaal arbeiten. Auch hier fängt er zwar ganz unten in der Hierarchie an, schafft aber schnell den Aufstieg zum Kellner, weil die Gäste Felix gerne um sich haben. Hier trifft er dann mit Louis de Venosta zusammen, mit dem er die Rollen tauscht.

zu 2) Roßmann und Krull sehen von unten auf die gesellschaftlichen Hierarchien. Sie selbst sind austauschbar: Roßmanns Liftboy-Uniform in Kafkas Roman ist nur nach außen prächtig, innen spürt er den Schweiß der Jungen, die sie vor ihm getragen haben. Auch an der Umbenennung von Felix in Armand durch Hoteldirektor Stürzli in Manns Roman wird eine Entpersönlichung deutlich: Fahrstuhlführer sind austauschbar, gesichts- und geschichtslose Dienstboten. Als solcher steht man mit dem Rücken zu den vornehmen Fahrgästen, macht sich möglichst unsichtbar. Krull erregt trotzdem die Aufmerksamkeit der vornehmen Hotelgäste.

zu 3) Fahrstühle fahren in zwei Richtungen: nach oben und nach unten. In beiden Romanfragmenten, sowohl in Kafkas *Der Verschollene* als auch in Manns *Bekenntnisse des Hochstaplers Felix Krull* werden Gesellschaften gezeigt, die in ihrem grundsätzlichen hierarchischen Aufbau weitgehend statisch sind: Wer reich ist, bleibt reich, wer adelig geboren ist, gehört alleine dadurch zu einer elitären Clique. Es ist der Zufall des Schicksals, so nehmen es beide Protagonisten wahr, der die Rollen im gesellschaftlichen Spiel verteilt. Für Roßmann fährt der Fahrstuhl des gesellschaftlichen Status und des Lebensglücks mal ein bisschen nach oben, um sogleich wieder Stockwerke hinabzufahren. Felix' Lift fährt nach einer recht glücklichen Kindheit mit dem Bankrott und Selbstmord des Vaters zunächst ein paar Etagen nach unten, aber ab seinem Aufenthalt in Paris geht es steil nach oben. Dieser Aufstieg spricht nicht gegen die weitgehende Statik der gesellschaftlichen Hierarchie: Nur als Hochstapler, als Betrüger kann man bis in die obersten Stockwerke einer Audienz beim portugiesischen König fahren.

Im Wortsinn ist der Liftboy eine Figur, die im Hotel und gesellschaftlich auf einer niedrigen Stufe steht. Im Fahrstuhl trifft dieser Dienstbote mit Vertretern des oberen Endes der gesellschaftlichen Hierarchien zusammen. Dieser Kontrast bietet einen dramaturgischen Reiz und erzählerisches Potenzial. Sinnbildlich steht der Fahrstuhl für den Weg nach oben und unten, für Aufstieg und Abstieg. In dieser Hinsicht ist die Arbeit als Fahrstuhlführer durchaus ein passendes Symbol für das Auf und Ab des Lebensweges von Karl Roßmann. Für Felix Krull geht es irgendwann nur noch aufwärts, wie auf einer Rolltreppe. Aber der ist eben auch ein Hochstapler.

LITERATUR

Textausgaben

Mann, Thomas: *Bekenntnisse des Hochstaplers Felix Krull. Der Memoiren erster Teil.* Frankfurt a. M.: Fischer Taschenbuch Verlag, 1989 u. ö. → Nach dieser Ausgabe wird zitiert.

Mann, Thomas: *Bekenntnisse des Hochstaplers Felix Krull. Der Memoiren erster Teil.* Frankfurt a. M.: S. Fischer Verlag, 1954 → Erstausgabe.

Mann, Thomas: *Bekenntnisse des Hochstaplers Felix Krull. Der Memoiren erster Teil.* In: ders.: Gesammelte Werke in dreizehn Bänden. Frankfurt a. M.: Fischer Taschenbuch Verlag, 1990, Bd. VII, S. 264–661.

Mann, Thomas: *Bekenntnisse des Hochstaplers Felix Krull.* Große kommentierte Frankfurter Ausgabe. Band 12/1–2 (Text und Kommentar). Hrsg. von Thomas Sprecher und Monica Bussmann. Frankfurt am Main: S. Fischer, Frankfurt am Main, 2012.

Verfilmungen

Bekenntnisse des Hochstaplers Felix Krull. Regie: Kurt Hoffmann, Drehbuch: Robert Thoeren, mit Horst Buchholz, Liselotte Pulver, BRD 1957 → Ein Vergleich des Filmanfangs und vor allem des stark vom Roman abweichenden Filmendes eignet sich zur Debatte über die Konzeption und den Aufbau des Romanfragments.

Bekenntnisse des Hochstaplers Felix Krull. Fernsehfilm in 5 Teilen. Regie: Bernhard Sinkel, Drehbuch: Alf Brustellin und Bernhard Sinkel, mit John Moulder-Brown, Magali Noël, BRD/A 1982. Deutsche Erstausstrahlung: 24. 1. 1982 (ZDF).

Bekenntnisse des Hochstaplers Felix Krull. Regie: Detlev Buck, Drehbuch: Daniel Kehlmann, mit Jannis Niewöhner in der Titelrolle. Deutschland, 2021.

Bildmaterial

Ermisch, Maren: *Szenen einer schönen Welt. 50 Jahre Thomas Manns ,Felix Krull'. Dokumentenmappe zur Sommerausstellung im Buddenbrookhaus.* Lübeck: Schmidt-Römhild, 2004 → Diese hervorragende Dokumentenmappe enthält Faksimiles von 30 ausgewählten Arbeitsmaterialien zu den *Bekenntnissen* aus dem Nachlass von Thomas Mann. Bilder aus Illustrierten, Zeitungsausschnitte und handschriftliche Notizen des Autors sind hier ansprechend reproduziert. Das beigefügte Katalogheft umfasst außerdem einen lesenswerten Essay von Helmut Koopmann zu dem Roman.

Biografien

Kurzke, Hermann: *Thomas Mann. Das Leben als Kunstwerk.* München: Beck, 1999.

Mehring, Reinhard: *Thomas Mann. Künstler und Philosoph.* München: Fink, 2001.

Schröter, Klaus: *Thomas Mann.* Reinbek bei Hamburg: Rowohlt, 2005. (= Rowohlts Monographien 50677)

Film: *Die Manns – Ein Jahrhundertroman.* Regie: Heinrich Breloer, mit Armin Mueller-Stahl, Monica Bleibtreu, Jürgen Hentsch, Veronica Ferres u. a., D/A/CH 2001.

Quellen zu Autor und Werk

Manulescu, Georges: *Fürst Lahovary. Mein abenteuerliches Leben als Hochstapler.* Aus dem Französischen von Paul Langenscheidt. Zürich: Manesse, 2020.

Schröter, Klaus (Hrsg.): *Thomas Mann im Urteil seiner Zeit. Dokumente 1891–1955.* Hamburg: Wegner, 1969.

Wysling, Hans (Hrsg.): *Thomas Mann I (1889–1917).* München: Heimeran [u. a.], 1975. (= Dichter über ihre Dichtungen 14/1).

Wysling, Hans (Hrsg.): *Thomas Mann Selbstkommentare: »Königliche Hoheit« und »Bekenntnisse des Hochstaplers Felix Krull«.* Frankfurt a. M.: Fischer, 1989.

Lektürehilfen

Anton, Herbert: *Bekenntnisse des Hochstaplers Felix Krull.* In: Volkmar Hansen (Hrsg.): Thomas Mann. Romane und Erzählungen. Interpretationen. Stuttgart: Reclam, 1993 → Anton stellt die *Bekenntnisse* in einen weiten geistes-, motiv- und literaturgeschichtlichen Zusammenhang. Der Aufsatz ist eher für die Hand des Lehrers geeignet.

Eisenbeis, Manfred: *Lektüreschlüssel zu Thomas Manns „Bekenntnisse des Hochstaplers Felix Krull".* Stuttgart: Reclam, 2007.

Frizen, Werner: *Thomas Mann: Bekenntnisse des Hochstaplers Felix Krull. Interpretationen mit Unterrichtshilfen.* München: Oldenbourg, 2., überarb. Auflage 1995. (= Oldenbourg Interpretationen 25) → Neben einer bildungsbeflissenen und detaillierten Interpretation des Werkes liefert Frizen den Entwurf einer 15–22-stündigen Unterrichtsreihe sowie einige Klausurvorschläge.

Stein, Guido: *Thomas Mann, ‚Bekenntnisse des Hochstaplers Felix Krull'. Künstler und Komödiant.* Paderborn: Schöningh, 1984.

Waldherr, Franz: *Thomas Mann, ‚Bekenntnisse des Hochstaplers Felix Krull'.* Paderborn: Schöningh im Westermann, 2007 (EinFach Deutsch – Unterrichtsmodelle) → Unterrichtsmodell für die Hand des Lehrers.

Sekundärliteratur

Dotzler, Bernhard J.: *Der Hochstapler. Thomas Mann und die Simulakren der Literatur.* München: Fink, 1991.

Genz, Henning; Fischer, Ernst Peter: *Was Professor Kuckuck noch nicht wusste. Naturwissenschaftliches in den Romanen Thomas Manns.* Reinbek bei Hamburg: Rowohlt, 2004.

Herwig, Malte: *Der Bildungsbürger im biologischen Rausch: Felix Krull.* In: ders.: Bildungsbürger auf Abwegen. Naturwissenschaft im Werk Thomas Manns. Frankfurt a. M.: Klostermann, 2004, S. 207–276.

Janz, Rolf-Peter: *Die doppelte Lust an der Verstellung. Thomas Manns ‚Felix Krull' und Steven Spielbergs ‚Catch me if you can'.* In: Claudia Benthien, Inge Stephan (Hrsg.): Männlichkeit als Maskerade. Kulturelle Inszenierungen vom Mittelalter bis zur Gegenwart. Köln: Böhlau, 2003, S. 178–192.

Kern, Stefan Helge: *Die Kunst der Täuschung. Hochstapler, Lügner und Betrüger im deutschsprachigen Roman seit 1945 am Beispiel der Romane ‚Bekenntnisse des Hochstaplers Felix Krull', ‚Mein Name sei Gantenbein', und ‚‚Jakob der Lügner'.* Hochschulschrift: Hannover, Univ., Diss., 2003. Im Internet unter: http://edok01.tib.uni-hannover.de/edoks/ e01dh04/39193788X.pdf

Koopmann, Helmut: *Bekenntnisse des Hochstaplers Felix Krull.* In: ders. (Hrsg.): Thomas-Mann-Handbuch. Stuttgart: Metzler, 3., akt. Aufl. 2001, S. 516–533.

Luppa, Annelies: *Die Verbrechergestalt im Zeitalter des Realismus von Fontane bis Mann.* Bern; Frankfurt a. M.; New York: Lang, 1995.

Porombka, Stephan: *Felix Krulls Erben. Die Geschichte der Hochstapelei im 20. Jahrhundert.* Salzhemmendorf: Blumen-kamp Verlag, 2008.

Schöne, Albrecht: *Der Hochstapler und der Blechtrommler. Die Wiederkehr der Schelme im deutschen Roman.* Wuppertal: Hammer, 1974. [Wuppertaler Hochschulreden; Bd. 1. Auf d. Umschlag fälschl. als Bd. 2 bezeichnet.]

Sprecher, Thomas: *Felix Krull und Goethe. Thomas Manns ‚Be-kenntnisse' als Parodie auf ‚Dichtung und Wahrheit'.* Bern; Frankfurt a. M.; New York: Lang, 1985.

Triendl, Dominica: *Mahlzeiten in Thomas Manns Romanen. Eine Studie zu ‚Buddenbrooks ', ‚Der Zauberberg' und ‚Bekenntnisse des Hochstaplers Felix Krull'.* Marburg: Tectum, 2016.

Wysling, Hans: *Narzissmus und illusionäre Existenzform. Zu den Bekenntnissen des Hochstaplers Felix Krull.* Bern, München: Francke, 1982.

Internet (Stand: April 2021)

Fachinformationen und kommentierte Links der Universitätsbibliothek der Freien Universität Berlin: http://www.ub.fu-berlin.de/internetquellen/fachinformation/germanistik/autoren/multi_lmno/thmann.html

Thomas-Mann-Figurenlexikon (Eva Dorothea Becker): http://www.thomas-mann-figurenlexikon.de/

Das Hotel Saint James & Albany in der 202, Rue de Rivoli aus dem Jahr 1697 im Internet: http://www.parisby.com/stjamesalbabny/index.html und http://www.activereservations.com/hotel/en/hotels-in-louvre/ah-212163/photogallery.html

Aktuell: https://www.hotel-saintjames-albany-paris.fr/en/photos

Historische Zeichnung, leider schlechte Bildqualität: https://p.monumentum.fr/galerie/maxi/00025/25255-english-dates-from-lalanne-manuscript-catalogue-the-print-collection-the-new-york-public-library-etchings-are-numbered-according-lalanne-manuscript-catalogue-the-print-collection-t.jpg

Historisches Foto, leider nur geringe Auflösung: https://i.ebayimg.com/images/g/bgkAAOSwOpFctiIr/s-l300.jpg

STICHWORTVERZEICHNIS